T0064112

ANTARKATHA

MADHULIKA SHRIVASTAV

PARTRIDGE
A Penguin Random House Company

ISBN:	Hardcover	978-1-4828-4550-1
	Softcover	978-1-4828-4551-8
	eBook	978-1-4828-4549-5

To order additional copies of this book, contact
Partridge India
000 800 10062 62
orders.india@partridgepublishing.com

www.partridgepublishing.com/india

!!! अंतर्कथा !!!
————————"""————————

:::::!:::::!मधुलिका श्रीवास्तव!:::::!:::::

परिचय

मधुलिका श्रीवास्तव, जन्म–नागपुर, महाराष्ट्र, शिक्षा–मध्यप्रदेश।

मधुलिका श्रीवास्तव ने भारतीयता को समझने के लिये संस्कृत में एम. ए. किया तद्पचात् एम. फिल. किया। उनकी इस शिक्षा से उन्हें भारतीय परिवेश और परिवारों में लोगों की भूमिका समझने में नई दृष्टि मिली जो उन के लेखन को प्रभावशाली बनाती है। अपनी लेखनी को आम आदमी तक पहुचाँने के लिये बैचलर ऑफ जनर्रलिस्म भी किया। मध्यप्रदेश की संस्कारधानी जबलपुर की संस्कृत में गोल्ड मैडलिस्ट मधुलिका को लेखन विरासत में मिला है उनके पिता स्व. श्री हरशरण लाल वर्मा भारतीय राजस्व सेवा के अधिकारी होने के साथ कवि भी थे। उनकी कविताओं के कई संग्रह छपे हैं तथा अपने दौर की पत्र–पत्रिकाओं में भी उनकी कविताओं को प्रमुखता से छापा गया है।

मधुलिका ने काफी कम उम्र से ही लिखना आरम्भ कर दिया था। वे मानवीय संवेदनाओं तथा रिश्तों पर गहरी पकड़ रखती हैं तथा उन्हें सहजता से कागज पर उतारने में उनकी क्षमता अद्भुत है। संयुक्त परिवार की सदस्य होने के नाते ऐसे परिवारों की संवेदनाओं तथा सम्बंधों की खट्टी मीठी बातों को करीब से महसूस किया है। उनका लेखन मानवीय चरित्रों और जीवन के उतार चढ़ाव व बदलते सामाजिक मूल्यों पर आधारित है। उनकी रचनायें, लेख व कहानियाँ विभिन्न पत्र–पत्रिकाओं व अखबारों में समय समय पर छपती रही हैं तथा उन्हें पाठकों की बड़ी संख्या ने पसंद भी किया है।

वर्तमान में मधुलिका श्री अरबिन्दो स्कूल भोपाल की संस्थापक व संचालिका है। उन्होने स्कूल को भी बच्चों के चरित्र, मनोभावों को समझने का बड़ा खजाना समझ कर बच्चों को केन्द्र बिन्दु बना कर बहुत कुछ लिखा है। मधुलिका विभिन्न सामाजिक कार्यो में भी रूचि लेती है जो उन्हे विरासत में अपने ससुर श्री राधामोहन श्रीवास्तव से मिला है जो म.प्र. के विक्रय कर विभाग में उपायुक्त पद से रिटायर्ड हुये थे। कई समाज सेवी संस्थाओं से जुड़ कर काम करना उन की दिनचर्या का प्रमुख हिस्सा है। इन के पति श्री बृजमोहन श्रीवास्तव प्रदेश के प्रतिष्ठित व वरिष्ठ नेता हैं तथा वर्तमान में म. प्र. राष्ट्रवादी कांग्रेस पार्टी के प्रदेशाध्यक्ष है। इनकी पुत्री सुश्री पूनम व दामाद श्री मृदुल शर्मा बम्बई हाइकोर्ट में सोलिसिटर है तथा स्वयं के चेम्बर से वकालत करते हैं। पुत्र श्री आदित्य मोहन फिल्म उद्योग से जुड़े है तथा वर्तमान में हालीवुड, लास एंजिल्स, अमेरिका में फिल्म निर्देशन तथा निर्माण का तीन वर्ष का कोर्स कर रहे हैं। आदित्य मोहन फिल्म "गली गली चोर" में असिस्टेंट डायरेक्टर भी रह चुके हैं।

मधुलिका श्रीवास्तव
C ·/. श्री बृजमोहन श्रीवास्तव
101 / 17, शिवाजी नगर, भोपाल
फोनः 0755—2552686

प्राक्कथन

मैं लिखती तो काफी कम उम्र से ही थी कभी पन्नों के हाशिये पर तो कभी अपनी कापी के पिछले पन्नों पर। बस यूँही कुछ न कुछ लिखा करती। जब स्कूल में थी तभी एक बार अखबार में कविता प्रतियोगिता के लिये मैंने अपनी एक छोटी सी कविता भेजी और मुझे अपनी उस रचना के लिये 50/- रू. का द्वितीय पुरस्कार मिला। बस! वही पुरस्कार मेरी अगली रचनाओं का प्रेरणा स्तम्भ बना और मैंने कविताओं के साथ कहानियाँ भी लिखना शुरू कर दिया। अपने आस पास होने वाली घटनाओं, लोगों के जीवन की अकथ वेदनायें मुझे झकझोरने लगी और फिर सिलसिला चल पड़ा।

मैं अपनी रचनायें विभिन्न पत्र – पत्रिकाओं में भेजती भी रही कभी छप जातीं तो कभी वापस आ जातीं जब वापस आतीं तो मन उदास हो जाता फिर कई–कई दिनों तक कुछ भी नहीं लिखती पर फिर मेरी कलम बेचैन होने लगती और एक नई कहानी जन्म ले लेती।

अर्न्तकथा मेरा पहला उपन्यास हैं पता नहीं कब और कैसे मेरे मन में एक अनाथ लड़की की व्यथा पनपने लगी जो पन्नों पर उतरती चली गई। सभी पतियों की तरह ही पत्नी के अच्छे आलोचक मेरे पति श्री बृजमोहन श्रीवास्तव को जब मैंने अपनी कहानी पढ़ने को दी तो मन में चिंता थी कि पता नहीं क्या कहेंगे, किन्तु पढ़ने के बाद वे बोले तुम इसे विस्तार से लिखो इसमें भावनाओं और संवेदनाओं का समावेश करते हुये कहानी के हर पात्र का स्पष्ट चित्रण करो। जिससे तुम्हारी यह

कहानी उपन्यास का रूप ले सके। उन्हीं की प्रेरणा से मेरा ये पहला उपन्यास आपके सामने है।

उपन्यास की दीप्ति की कहानी वैसे तो एक आम लड़की की हो सकती थी पर नहीं, वो खास है, उसके जीवन में इतने उतार चढ़ाव आये फिर भी वह जीवन के टेढ़े मेढ़े रास्तों पर चलती ही रही। उसने अपने जीवन के अंधकार को मिटाने में कोई कसर नहीं छोड़ी क्योंकि उसे अन्धेरे में भी रोशनी की किरण दिखाई देती थी। उसके इस संघर्ष में साथ दिया दो भले इंसानो ने, जिन्होंने अन्जाने में किये गये अहसान की भरपाई उसकी अच्छी परवरिश देकर की। वे भले इन्सान भारतीय संस्कारों के अनूठे उदाहरण हैं जो हमारे इर्द गिर्द हैं मगर शायद हम उन्हें पहचान नहीं पाते। ऐसे ही पात्रों को ढूढ़ने में पाठकों को दृष्टि देने का मेरा एक छोटा सा प्रयास, यह उपन्यास है।

मैने भरसक कोशिश की है कि दीप्ति की कथा को वास्तविकता में ऊकेर सकूँ तथा उसके मनोभावों की अभिव्यक्ति उसकी व्यथा, उसके हदय में मची उथल पुथल को शब्दों के सहारे उजागर कर सकूँ ।

मधुलिका श्रीवास्तव

!एक!

आखिर! आखिर एक बार बस अपने भूतकाल के इस भूत से मुक्त हो जाऊं। मेरा ये भूतकाल मुझे अपनी ओर खींचता है, अपने से बांधे रखना चाहता है और अपने अंदर की अमरता को स्थापित करने में जुटा रहता है। उससे मैं मुक्ति चाहती हूँ। मेरे अंदर जो घुमड़ता रहता है उसे बाहर निकालना ही होगा।

मै काफी कम उम्र से ही कुछ ना कुछ लिखती आ रही हूँ। अपने आस पास अंदर बाहर जो कुछ भी देखती हूँ उसे लिपिबद्ध कर लेती हूँ। मेरी हर रचना के पूरी हो जाने पर मुझे उसमें सार्थकता तो मिली पर एक आत्मसँतोष नहीं मिला, मेरे हृदय में एक अकथ्य वेदना एक अनाम व्यथा छाने लगती मुझे लगता है कि मैं

कहना कुछ चाहती हूँ और कह कुछ और रही हूँ। बहुत कुछ अनकहा है जो मुझे कहना है पर सच कहूँ..... मै अपने कल को भुलाना चाहती हूँ, मुझे अक्सर ये भय सताने लगता है कि कहीं मेरा ये कल मेरे आज हासिल किये हुये निःस्वार्थ प्रेम भाव को ही नं मिटा दे।

मेरा कल मुझे अपने आज को जीने ही नहीं देता। मेरा बचपन मेरे माता–पिता, सँगी–साथी और भी बहुत से लोग बार–बार मेरे वर्तमान के आगे आकर खड़े हो जाते हैं। इसलिये मुझे लगता है अपने गत जीवन के कष्टों को मानसिक पीड़ाओं को भुलाकर उसे एक नया रूप, नया आकार देना ही होगा। मुझे अब लगता है कि यदि मैने अपने कल को बाहर नहीं निकाला तो मेरा आज हमेशा परेशान रहेगा। मेरी जिंदगी के कुछ साल मेरे जीवन में इतनी उथल–पुथल मचा गये हैं कि उन्हें लिपिबद्ध करने से ही शायद मेरे अंदर जो कुछ घटता रहता है सब बाहर आ जायेगा और मन शांत हो जायेगा, क्योंकि लिखने का तात्पर्य केवल कथन व शब्द जोड़ना ही नहीं है वरन् यथार्थ को जीतने का एक मार्ग भी है।

ये बम्बई शहर जो आज मुम्बई हो गया है। पहले चौड़ी–चौड़ी सड़कों से पटा, ऊंची–ऊंची इमारतों के जंगल से घिरा भी कितना खुला शहर था फिर चाहे वरली का समुद्र हो चाहे चौपाटी का किनारा या फिर जुहू का खूबसूरत तट सब कुछ कितना खुला और आलीशान था। पहले यहां के शोर में भी एक अजीब सी शांति थी पर अब वो शांति कहीं विलीन हो गई है, उसकी जगह एक आपाधापी सी चारों ओर दिखाई देती है। अब वही चौड़ी सड़कें और भी ऊंची हो गयी इमारतों से घिरा ये शहर सिर्फ चलता ही दिखता है। हर जगह लोग बस लोग ही दिखते हैं।

जो दौड़ रहे होतें हैं जल्दी से जल्दी अपनी मंजिल की तरफ भागते हुए। पहले भी चमचमाती गाड़ियां सड़कों पर दौड़ती थी पर अब तो लगता है सड़क नही है सिर्फ कारों की पंक्तियां हैं। पहले होती थी सीधी—सीधी सड़कें अब तो फ्लाई ओवरों से सजा शहर कारो को ऊपर नीचे ले जाते हुये ऐसा लगता है जैसे रंग—बिरंगे रिबन हवा में लहरा रहे हो। ये शहर पहले भी चमकदार खूबसूरत जीवन्त शहर था, आज भी बहुत कुछ नया—नया अनदेखा अनचीन्हा सा है।

बचपन में समुद्र तट पर पानी में पैर डालना और ऊँची — ऊँची लहरों का आकर पैरों को चूमना और सरसराती हुयी रेत को पैरो से खीच कर लौट जाना कितना सुखद था। उन आसमान छूती लहरों को देख लगता जैसे आपको अपने साथ ले जाने के लिये आपकी तरफ दौड़ती भागती चलीं आ रही है और फिर अचानक एक भोले बच्चे की तरह उसका आपके पैरों से लिपट जाना कितना अच्छा लगता था, पर आज तट पर लहरों की अठखेलियों का आनन्द दूर से ही लिया जा सकता है क्योंकि अब तो लगता है पैरो से रेत की सरसराहट नही पॉलिथीन की पन्नियाँ ही पैरो में उलझेंगी। इसलिये ये अब आपको अपनी तरफ नहीं खीचता। मन तो अभी भी करता है पर दिमाग पानी के करीब जाने से रोकता है। तट पर पड़ी पन्नियाँ, भुट्टे और नारियल के छिलके, कागज ये सब आपमें जुगुप्सा पैदा करते हैं।

लोग आज भी अच्छे हैं लेकिन वो बात अब नहीं रही। अब हर व्यक्ति अपने आप में मगन है। ये सारे लोग साधारण अल्पजीवी है। बसों में बैठे लोग, कारों में घूमते लोग, लोकल में बहते चलते लोग, मानो वे सब समुद्र की लहरे हों।

ये सब भी समुद्र की लहरों की तरह निर्विकार निर्लिप्त भाव से बस चलते ही रहते हैं। किसी को किसी से मतलब नहीं है। लोगों की पहचान तो बस तभी होती है जब कोई हादसा हुआ हो। तब आप बम्बई वालों का भाईचारा उनकी सँवेदनायें देख सकते हैं। बम्बई विस्फोट के समय लोगों का एक–दूसरे की मदद करने की प्रवृत्ति बहुत जोरो– शोरों से सामने आयी थी। 26 जुलाई को जब बम्बई पानी में डूब रही थी तब असली बम्बई का चेहरा सामने आया था। तबं लगा था नही, कहीं न कहीं बम्बई वासियों के हृदय आज भी एक–दूसरे से जुड़े हैं।

यही तो वो शहर है जहां मेरे जीवन ने कई उतार–चढ़ाव देखे। मेरा जीवन पानी की धार पर चलते हुये आज मुझे कहां ले आया है। कभी तो मेरा जीवन पहाड़ की ऊंचाई पर चढ़ा तो कभी एकदम गहरी खाई में गिर गया तो कभी आसमान की बुलंदी को छूने लगा। मैंने अपने जीवन में कई रँग देखे हैं। शायद ही किसी ने देखे होंगे। हँसती खिलखिलाती मस्ती में डूबी जिंदगी की शुरूआत तो आसमान में पँख लगा कर उड़ रही थी कि अचानक एक हादसे ने हम तीनों भाई–बहन की जिंदगी का रूख ही बदल दिया। हम तीनों भाई–बहन आसमान से धरती पर आ गिरे।

हर तरफ अंधेरा छा गया। रोशनी की एक किरण भी दिखायी नहीं देती थी। हमें लगता, अब जिंदगी शायद यहीं ठहर जायेगी, कोई हमारा तारणहार नहीं होगा। मगर अब लगता है भगवान ने हम लोंगो का इम्तहान लेने की ठान ली थी। उसने ये भी नही सोचा ये जरा–जरा से बच्चे इस तूफान का सामना कैसे करेंगें।पर उसने शायद हम लोगों के लिये बहुत कुछ सोच कर रखा था। हमारे मॉ–बाप से

हमें जुदा किया और हमारे जीवन में उथल–पुथल मचाने बहुत से लोगों की आवाजाही कर दी। किसी ने हमें नौकर बनाया तो किसी ने रास्ते का भिखारी बनाया तो किसी ने फिर हमें अपना सा जीवन दिया। बड़ी लम्बी कथा है, जीवन का एक–एक पृष्ठ उलटती हूँ तो देखती हूँ अनगिनत लोगों से हमारा मिलना और बिछड़ना हुआ। सब के अपने–अपने रँग थे, अपने ढ़ँग थे, कहीं किसी का मेल नहीं था। हर पृष्ठ पर एक नई ही कहानी जन्म लेती है। उन्हीं पन्नों के पलटने का आज मैं प्रयत्न कर रही हूँ।

आज सोचती हूँ कि मैंने अपने आसपास, भीतर–बाहर जो कुछ देखा, पाया, सहा वो मै लिख भी पाऊंगी या नही। वह अकथ्य वेदना, वो अनाम व्यथा जो मन पर छायी हुयी है वो मै कह भी पाऊंगी या नही, नही जानती। यों तो हर युग में, हर राष्ट्र में, हर कौम में अनगिनत लोगों के जीवन में बहुत कुछ घटता है किन्तु मेरी व्यथा एवं मेरी उपलब्धि शायद सबसे अलग है। ठीक तरह से देखे तो बाहर बहुत ही कम घटता है। भीतर जो कुछ भी घटता है वह अक्सर बेताल, बेसुरा, बेढ़ँगा, बेदायरे का एवं अनुपातहीन होता है। फिर भी इसी अस्त–व्यस्त आँतरिक उथल–पुथल से नियति अपना स्वर ढूँढ़ ही लेती है। वह प्रमुख रँग चुन लेती है। उसका चुना हुआ स्वर कर्कश, कर्णकटु हो सकता है पर संवेदनाओं से घिरे जीवन का आँकलन बन जाता है।

आज एक बार फिर अपने अँतर्जीवन की व्यथा को मैं पुनः जीना चाहती हूँ। जो कुछ भी गुजरा है उसकी परतें उलटना चाहती हूँ और एक–एक परत को फिर से सहेजना चाहती हूँ। जो कुछ मेरे हृदय में छटपटा रहा है उसे उजागर करना

चाहती हूँ वरना ये टुकड़े–टुकड़े में बंटा मेरा जीवन मुझे कभी चैन नहीं लेने देगा। ये यादें बिल्कुल हवा की तरह होती हैं चाहे जितने कपाट बंद करो कहीं न कहीं से आ ही जाती है। आज मैं हर तरह से खुश हूँ पति है, बच्चे है, खुशहाल जिंदगी है पर कहीं कुछ तो है जो मुझे जीने नहीं देता। मन में हमेशा कुछ न कुछ घुमड़ता रहता है।

———“„”———

!दो!

बम्बई शहर ही तो मेरे पूरे जीवन का साक्षी रहा है। मेरे जीवन का हर पड़ाव उसी की दहलीज पर तो रूका है। बम्बई के जुहू इलाके में एक शानदार बंगले में हम रहते थे, जिसके आँगन में मीलों लम्बा अठखेलियॉ करता अरब सागर, जिसकी निरँतर उछल–कूद मचाती लहरें हमारे घर की दहलीज चूमने के लिये सतत् प्रयासरत रहतीं तो सामने विशाल बगीचा विभिन्न फूलों से सजा अपनी अलग पहचान लिये गर्वित सा था।

मम्मी–पापा दोनो ही मशहूर फिल्मी कलाकार थे। पापा लाखों दिलों के सरताज थे। उनके बालों का स्टाइल, उनके कपड़े पहनने का ढ़ंग, उनकी सँवाद

अदायगी पर तो लोग वाह–वाह कर उठते थे। हर नौजवान लड़का उन जैसा ही बनना चाहता तो हर लड़की के ख्वाबों का शहजादा उन जैसा ही होता। मम्मी भी अपने समय की लाजवाब हीरोइन थीं। उन्होंने बाल कलाकार के रूप में ही फिल्मों में प्रवेश किया था। बड़े होते होते वे एक नायाब कलाकार के रूप में मशहूर हो गई। पापा के साथ उन्होंने बहुत फिल्में की और ये फिल्मी जोड़ी जीवन की डगर पर भी साथ चलने लगी। दिव्या दीदी के जन्म के बाद से मम्मी ने फिल्मों से सन्यास ले लिया और दिव्या दीदी की देखभाल के साथ ही दीपक भैया और मेरी परवरिश में जुट गई। वे एक आदर्श मॉ की तरह हम तीनों के खाने–पीने, पढ़ने–लिखने आदि में ऐसे लग गई जैसे कभी घर के बाहर पैर ही न रखा हो। पापा शूटिंग से आने के बाद हम सब के साथ ही अपना समय बिताते।

हमारी जिंदगी बहुत ही खुशहाल थी। पापा जब खाली होते तो हम लोग विदेश यात्रा पर जाते। मुझे बहुत कुछ तो याद नहीं है फिर भी धुंधली–धुंधली यादें जब कभी मेंरे मानस पटल पर दस्तक देती रहती है।

हम लोग बम्बई के मशहूर स्कूल में पढ़ते थे। अक्सर मम्मी ही हम लोगों को तैयार करतीं वैसे तो हमारी देखभाल के लिये जगन काका और राधा माई थे।

कई साल पहले जब दिव्या दीदी शायद दो बरस की रही होगी पापा दादी की बरसी के लिये गांव गये थे। वहीं वे दादी के पड़ोसी थे उनके बेटे बहू का व्यवहार उनके प्रति बहुत बुरा था। वे हमेशा दोनो को दुत्कारते ही रहते। उस दिन भी उनके लड़के ने जगन काका को धक्का देते हुये घर से निकाल दिया और उनका सामान भी फेंकने लगा। जगन काका रोने लगे, माई भी लड़के के पैर

पकड़ने लगी पर उसे न पिघलना था, वो न पिघला, बहू भी अपशब्दों का पिटारा खोल बैठी।

पापा सब देख रहे थे। उन्होंने बीच बचाव करना चाहा तो जगन काका ने पापा के पैर पकड़ लिये–

–"अरे लल्ला तुम बीच में न पड़ो ये तो हमारा रोज का है। शाम तक या कल तक हम उसे मना लेंगे बेटा। हम तो उसके आसरे हैं लात मारे चाहे जूते। जमीन जायदाद जब से उसके नाम करी है रोज का ये नाटक है, भगवान उठाता भी तो नहीं है!" कहकर जोर–जोर से रोने लगे।

पापा उस समय तो चुप हो गये पर दो दिन बाद जब शहर लौटने लगे तो काका और माई को अपने साथ ले आये। बस तब ही से जगन काका और राधा माई हमारे घर के सदस्य बन गये।

सच है दिलों के रिश्ते खून के रिश्तों से ऊपर होते हैं क्योंकि ये हमने स्वयं बनाये होते हैं। कितने अजीब होते हैं ये रिश्ते। स्नेह और प्रेम की मखमली भूमि में ये सहज ही पनपने लगते हैं और ऐसे रिश्ते ताउम्र के लिये मजबूत गांठ में बंध जाते हैं जिन्हें ताजिंदगी हम भुला नहीं पाते। कुछ ऐसा ही रिश्ता उन दोनो का हमारे परिवार से बन गया था। जिस समय जगन काका और माई हमारे परिवार में आये थे तब दिव्या दीदी सिर्फ दो बरस की थी, दीपक भैया छः महीने का और मैं तब पैदा भी नहीं हुयी थी।

पापा ने उन्हे बॅंगले की, कोठार की चाबियां थमाते हुये पूरा घर ही उन्हें सौंप दिया और कहा –

"आप हमारे बुजुर्ग हैं, आप लोगों को घर की देखभाल करनी है और नौकरो से काम कराना है। हमारे बच्चों की परवरिश अब आपको ही करनी है। बच्चे बहुत छोटे हैं और आपकी बहू नासमझ है, समझ लीजिये आप के पोता–पोती है।"

इसके बाद और कुछ कहने को बचा ही नहीं था। जगन काका और माई ने फिर कभी पीछे पलट कर नहीं देखा। जिंदगी ने रफ्तार पकड़ ली पापा कामयाबी की सीढ़ियां चढ़ते चले गये।

मैं तब शायद तीन बरस की थी जब मम्मी ने दुबारा फिल्मों में कदम रखा और छोटे–मोटे रोल फिर से करने लगी।

हमारी देखभाल के लिये जगन काका और माई थे ही, हमारा ड्राइवर राजू दादा भी बड़ा भला आदमी था। वह उत्तर प्रदेश का रहने वाला अधेड़ उम्र का पर कसरती बदन का काफी ऊंचा–पूरा आदमी था। हमें स्कूल छोड़ना, लाना सब उसी का काम था। शाम को हमें कार में बिठा कर घुमाने ले जाना। हम लोगों की देखभाल ही उसका खास काम था।

राजू दादा भी पापा के गांव का ही था। उसके पिता भी हमारे घर में ड्राइवर थे। उनकी मृत्यु के बाद राजू दादा कभी गांव नहीं गये। हमारे घर में ही रच बस गये थे। कहते हैं उनकी बचपन में ही गांव में शादी हुई थी पर उनकी पत्नी गौने से पहले ही किसी बीमारी में मर गयी थी। इस तरह जगन काका, माई और राजू दादा तीनों ही हमारे घर के सदस्य ही थे और हमारे जीवन की एक अहम कड़ी।

—————"„"—————

तीन!

जिंदगी अपनी रफ्तार से चल रही थी कहना चाहिये दौड़ रही थी। पापा लगातार कामयाबी की सीढ़ियां चढ़ते जा रहे थे। मम्मी भी धीरे-धीरे फिल्मों में अपने पैर जमा रही थी।

एक दिन पापा के एक पुराने मित्र, मम्मी-पापा दोनो के लिये एक फिल्म की कहानी लेकर आये। उनके ये मित्र असफल निर्देशक थे। उन्होंने कई फिल्में बनाई थी पर किसी ने भी बाक्स ऑफिस में कोई खास कमाल नहीं दिखाया था। अब वे एक फिल्म पापा को लेकर करना चाहते थे। पापा की कामयाबी को देखते हुये उन्हे उम्मीद थी कि पापा के साथ की गयी फिल्म जरूर सफल होगी। पापा पहले तो

राजी नहीं थे पर मित्र के आग्रह को टाल नहीं सके और थोड़ी आनाकानी के बाद वे राजी हो गये।

यह राजीनामा हमारे जीवन पर दुर्भाग्य की मुहर लगा गया। किसी ने कभी सोचा भी न होगा कि पापा ने बर्बादी की पहली सीढ़ी पर अपना पहला कदम रख दिया है। जिसके आगे दुर्भाग्य हम लोगों की बाट जोह रहा है। जिस दिन पापा ने फिल्म साइन की उसी दिन दीपक भैया स्कूल की सीढ़ियों से गिर गया। उसे गंभीर चोटें आई और उसका एक हांथ भी टूट गया। कुछ दिनो बाद शूटिंग के दौरान एक फाईट सीन में पापा घायल हो गये। उन्हे अस्पताल में भर्ती करना पड़ा। फिल्म रूक गयी।

महीने भर बाद पापा के स्वस्थ होते ही एक बार फिर फिल्म शुरू हुयी। मुश्किल से दस दिन की शूटिंग हुई थी कि एक सीन में मम्मी घोड़े से गिर पड़ी। वे गंभीर रूप से घायल हो गयीं। एक बार फिर फिल्म रूक गई।

लगातार होने वाले हादसों से माई चिंता में पड़ गईं । एक दिन जब वे मम्मी के साथ अस्पताल में थीं तो मम्मी से कहने लगीं –

–''बहूजी हमको लगता है ये फिलम तुम लोगन के लिये ठीक ना है,हमारी मानो इसमें काम न करो।''

–''क्या माई कैसी दकियानूसी बातें करती हो,एसी छोटी मोटी चोंटें तो लगती ही रहतीं है,अगर इन बातों पर ध्यान देंगे तो काम करना मुश्किल हो जायेगा,यूँ अपना दिल छोटा मत करो कुछ नहीं होगा ।''

–''नहीं बहूजी इतने हादसे एक ही फिलम में आज तक नहीं हुए कोई न कोई बात तो है। ये किसी अनहोनी का संकेत तो ना है।''

–''अनहोनी कैसी? ये कोई बड़ी बात नहीं है शूटिंग में अक्सर एसा हो जाता है, फिकर की कोई बात नहीं है।''

–''बहूजी हमारी बात मानो जरुर कुछ अशुभ होने वाला है। हमरा जी बहुत घबरा रहा है। छोड़ दो इस फिलम को तुम्हे का कमी है काम की?''

–''ओहो माई इतनी छोटी बात पर फिल्म नहीं छोड़ी जाती बिचारे प्रोड्यूसर का कितना पैसा लग चुका है हमारे यूं बीच में बैठ जाने से तो अकेला वही नहीं बहुत सारे लोग बर्बाद हो जायेंगे,नहीं नहीं एसा नहीं हो सकता,तुम चिन्ता मत करो।''

इस तरह मम्मी ने माई की शंका को हवा में उड़ा दिया। पर माई के दिल में कुछ खटका हो रहा था उन्होने पापा से भी बात करनी चाही पर पापा ने उनकी कोई बात नहीं सुनी।

दुर्भाग्य बार बार दस्तक दे रहा था पर किसी ने उस दस्तक पर गौर नहीं किया और जैसे–तैसे शूटिंग चलती ही रही। अटकते–अटकते भी फिल्म अपने चरम पर पहुंच ही गयी।

आउट डोर शूटिंग के लिये पापा मम्मी को देहरादून जाना था। वे लोग जैसे ही घर से निकले अचानक उनकी गाड़ी के सामने एक सायकिल वाला आ गया। बचाते–बचाते भी वह टकरा गया और बुरी तरह घायल हो गया। पापा उसे लेकर अस्पताल दौड़े। पुलिस केस बन गया। जैसे तैसे मामले को रफादफा किया पर इस

आपाधापी में पापा की फ्लाईट मिस हो गयी। ये एक और दस्तक थी पर पापा ने उसे भी अनसुना कर दिया।

इस बार माई और काका ने उन्हे फिर समझाना चाहा पर दुर्भाग्य का पलड़ा भारी था इसीलिये मम्मी पापा को कोई बात नहीं समझ आ रही थी।

वे अगले ही दिन देहरादून के लिये रवाना हो गये। छोटी–मोटी अड़चनों के साथ फिल्म पूरी हो गयी। अगले दिन मम्मी–पापा को लौटना था उनकी टिकिट भी थी पर जाने क्यों वे कहने लगे–

–"मैं तो शाम की फ्लाईट से ही जाऊंगा।"

–"क्यों   शाम की फ्लाईट से क्यों कल ही चलेंगे।"

–"नहीं नहीं अभी ही चलते हैं यहां कोई काम भी नहीं बचा है।बच्चों को सरप्राइस देंगे,वे भी खुश हो जायेंगे।"

–"हॉ ये ठीक रहेगा।" मम्मी भी राजी हो गईं ।सच ही उन्होनें हमें भौंचक्का तो कर ही दिया।

यूनिट के लोगों ने भी बहुत रोकना चाहा पर शायद हमारा दुर्भाग्य प्रबल था। वे शाम की ही टिकिट पाने में सफल हो गये। मौसम की खराबी थी या कोई तकनीकी खराबी, हवाई जहाज देहरादून से उड़ने के 15 मिनट बाद ही दुर्घटनाग्रस्त हो गया। सभी यात्रियों के साथ मम्मी पापा भी उस हादसे के शिकार हो गये। ये दुर्घटना हम बच्चों पर पहाड़ बनकर टूटी।

––––––"„"––––––

!चार!

शाम का समय था हम लोग पार्क गये हुये थे। हमने देखा दो तीन लोग जल्दी–जल्दी आये और राजू दादा से कुछ बात करने लगे और अचानक राजू दादा हमारे पास आये और कहने लगे चलो बच्चों घर चलो। वे बहुत घबराये हुये थे उनके चेहरे पर हवाइयाँ उड़ रही थी। उन्होंने जल्दी से हमें बिठाया और घर की तरफ बढ़ गये।

हमारे घर के सामने भीड़ लगी हुई थी और भी लोग आते जा रहे थे। हमारे घर तो रोज ही भीड़ लगी रहती थी। जब पापा घर से निकलते थे तो 25–50 लोग तो अक्सर ही दरवाजे पर खड़े होते थे पर आज की भीड़ अलग थी। उनमें पापा

को एक नजर भर देख लेने का जो उत्साह हमेशा दिखता था वो कहीं नहीं था। लोगों के चेहरे पर एक अजीब सा भाव था जिसे समझने लायक उम्र तब शायद हमारी नहीं थी।

हम लोगों को देख लोगों में फुसफुसाहट बढ़ गयी। बड़ा अटपटा सा माहौल था। शोर भी था और शांति भी थी, एक भनभनाहट सी थी। हर व्यक्ति कुछ न कुछ फुसफुसा रहा था। हमारे गाड़ी से उतरते ही एक सन्नाटा सा फैल गया। हम लोगों को डर लगने लगा। अनिष्ट की आशँका से दिल घबराने लगा। हम अंदर पहुंचे तो वहां भी बहुत से लोग बैठे थे तो कुछ खड़े थे वे सब धीरे–धीरे बातें कर रहे थे। हमको देखते ही जैसे सब को सांप सूंघ गया। कुछ लोगों ने हमें अपनी बाहों में घेर लिया तो आंटियॉ हमें देख कर सुबकने लगी पूरा माहौल तनाव से भरा था। हम कुछ नहीं समझ पा रहे थे कि हुआ क्या है, कोई कुछ बता नहीं रहा था तभी बोस अंकल जो कि पापा के पी.ए. और अकाउंटेंट है, दीदी को एक तरफ ले गये और उन्हें कुछ बताया दीदी एकदम स्तब्ध खड़ी रह गयी। अचानक बुक्का फाड़कर रो पड़ी। मैं और दीपक भैया भी दौड़कर दीदी से लिपट गये। दीदी ने हमें चिपका लिया और जोर–जोर से रोने लगी।

–"दीदी क्या हुआ, क्या हुआ है। क्यों रो रही हो, कुछ तो बताओ ?"

–" भैया, मम्मी–पापा हमें छोड़कर चले गये।" रोते–रोते दीदी बोली।

– "कहां चले गये, पापा मम्मी तो देहरादून गये हैं ना!"

–" वो तो कल आने वाले थे! आज कहां चले गये।"

– "नहीं–नहीं अब वे नहीं आयेंगे।"

– "क्यों नहीं आयेंगे। मुझे तो मम्मी के पास जाना है" कहकर मैं रो पड़ी। राधा माई ने मुझे गोद में उठा लिया,–

–"नहीं रोते बिटिया। तुम्हारे मॉ–बापू को भगवान ने बुला लिया है अब वे नहीं आयेगें, न रो बिटिया भगवान को यही मंजूर था।"

हम तीनों का बुरा हाल था। हमारी ऐसी भी उम्र नहीं थी कि एक–दूसरे को साँत्वना ही दे पाते। तीनों ही बस रोये जा रहे थे। वहाँ उपस्थित लोग भी हमें बहलाने की कोशिश करने लगे। मगर हम लोगों का रोना रूक ही नहीं रहा था।

हम पर पहाड़ टूटा था। एक ऐसा कहर बरसा था जिसकी भयावहता को आज मैं बयान नहीं कर सकती। हमारे चारों तरफ घना अँधकार छा गया था, जिसके आगे कुछ दिखाई नहीं दे रहा था। धीरे–धीरे रात गहराने लगी और लोग भी छँटने लगे। मम्मी–पापा के शव तो अगले दिन मिलने वाले थे। थोड़ी ही देर में सब तरफ सन्नाटा पसर गया। हम लोग भी थके से एक–दूसरे को थामे वहीं पसर गये। घर में हमारे साथ काका, माई, राजू दादा तथा कुछ नौकर ही थे। सभी निश्चल बैठे थे।

रात को तो आना ही था। वह घनी काली रात भी हमारे जीवन में आये अंधेरे से ज्यादा काली नहीं थी। हमारा अंधेरा तो अमावस की रात से भी ज्यादा काला था। वैसे तो रात सोने के लिये होती है, थक कर धराशाही हो जाने के लिये होती है पर रात डर जाने के लिये भी होती है और नींद के झोकों में जागते रह जाने के लिये भी होती है। वैसे तो रात में चांद, आसमान में टँके तारे और जुगनू भी पलते हैं मगर उसी रात में दुःस्वप्न और राक्षस भी मिलते हैं। मैंने बचपन में ही

रात के दोनों मतलब सीख लिये थे। उस गहराती रात के साये में हम असहाय से उसके गुजरने की राह देखने लगे।

रोज की तरह सुबह की किरण दुनिया में उजाला तो कर रही थी पर हमारे जीवन में आये अंधेरे को मिटाने में सक्षम नहीं थी। वो हमारी क्या मदद करती उसके पास पूरी दुनिया को रोशन करने की ताकत तो है पर किसी के जीवन में आये अंधेरे को मिटाने की क्षमता भगवान ने भी उसे नहीं दी क्योंकि ये अंधेरे तो खुदा ने ही रचे होते हैं इसलिये शायद वो अपनी रचना को इतनी शक्ति नहीं देता कि वो उसके द्वारा किये गये अंधेरे को मिटा सके।

जैसे–जैसे दिन चढ़ता गया बाहर लोगों का जमघट लगना शुरू हो गया। फिल्मी दुनिया के भी करीब–करीब सभी लोग इकट्ठे हो गये थे।

मम्मी–पापा के शव भी घर आ गये थे। पता नहीं वे थे भी या नहीं क्योंकि हवाई जहाज में तो आग लग चुकी थी और वो अपने साथ सभी 65 लोगों का लेकर भस्म हो चुका था। इसलिये हम उनके अंतिम दर्शन भी न कर सके। कफन में लिपटे ही वे घर लाये गये। उन्हे देखने के लिये भीड़ उमड़ पड़ी पर इस तरह देख लोग पीछे हटने लगे।

हम तीनों भी किंकर्तव्यविमूढ़ से खड़े उन्हें देख रहे थे। हम कुछ नहीं समझ पा रहे थे कि ये हो क्या रहा है। कुछ लोग आगे बढ़कर हमें कफन में लिपटे मम्मी–पापा के करीब ले गये। हम लोग अवाक् उन्हें देखते हुये रोना भी भूल गये। अजीब सी मनःस्थिति हो रही थी।

थोड़ी ही देर में मम्मी पापा को लेकर श्मशान जाने की तैयारी हो गयी। हम लोग एक तरफ खड़े थे। दूसरे लोग सब तैयारियों में लगे थे। फिर उनकी शव यात्रा चल पड़ी। हमें भी एक गाड़ी में बैठा लिया गया। उनके अंतिम सँस्कार में हजारों लोग थे। बहुत बड़ा जुलूस था, पर एक बात थी कि वे सब अजनबी थे। जान–पहचान के चँद लोगों में फिल्मी हस्तियॉ या पापा के साथ काम करने वाले ही थे। हमारा सगा संबंधी कोई नहीं था।

उन्हीं चँद लोगों ने दीपक भैया से पापा मम्मी के सँस्कार करवाये। आठ साल का दीपक भैया जैसा सब कहते गये करता गया। हम दोनों बहने चुप खड़ी देखती रहीं। जैसे ही अग्नि सँस्कार हुआ, हम सब फूट–फूटकर रोने लगे।

कुछ ही देर में वहाँ भी सन्नाटा घिरने लगा। लोगों ने वापस लौटना शुरू कर दिया पर घर लौटने वाले हम तीनों भाई–बहन, जगन काका व कुछ नौकर ही थे। घर पर भी कोई नहीं था। इक्का दुक्का लोग ही थे जो उत्सुकतावश वहाँ खड़े हो गये थे।

हमेशा हँसता खिलखिलाता रहने वाला हमारा घर हमें काट खाने को दौड़ रहा था। हमारा भव्य घर बड़ा ही भयावह लग रहा था। ऐसा सूनापन कभी सपने में भी नहीं सोचा था। पर अब ये सूनापन हमारे जीवन का अँग बन गया था। कभी न मिटने वाला अंधेरा चारों ओर फैल गया था।

इस खालीपन को ओढ़े हम लोगों को पहली बार एहसास हुआ कि हम तो इस दुनिया में बिल्कुल अकेले रह गये हैं। हमारा अपना अब कोई नहीं है क्योंकि अपने दादी–दादा, नाना–नानी, चाचा, बुआ, मामा, मौसी हम किसी को भी नहीं

जानते थे। न ही ये जानते थे कि वे इस दुनियां में हैं भी या नहीं। न तो मम्मी पापा ने कभी कुछ बताया और न ही कभी कोई हमारे घर आया। हमारी दुनिया तो मम्मी–पापा, जगन काका, माई, राजू दादा और चंद नौकरों तक ही सीमित थी। हम तो सिर्फ कुछ फिल्मों से संबंधित लोगों को पापा के एकाउन्टेंट बोस अंकल और दो एक लोगों को ही जानते थे। वो भी बहुत अच्छी तरह नहीं। हमारे दिलों में रात के गहराते अंधेरों ने अकेलेपन के डर को जगह दे दी। हम डर गए कि अब हमारा क्या होगा हम कैसे रहेंगे कौन हमें सम्हालेगा। हम अपने अनिश्चित भविष्य को लेकर चिंतित थे। नहीं जानते थे कि अब क्या होगा?

————,,,,————

!पांच!

यूं ही दो दिन गुजर गये। घर में एकदम सन्नाटा था। कोई आने जाने वाला नहीं था। हम लोग कभी इस कमरे तो कभी उस कमरे में घूमते रहते। हर तरफ खामोशी अपने पैर फैलाये थी। बोस अंकल भी उस दिन के बाद नहीं आये। घर पहले से ही जगन काका और माई के हवाले था। हम लोग तो कुछ समझते ही नहीं थे। दिव्या दीदी सिर्फ 10 साल की थी और दीपक भैया 8 साल का और मैं 5 साल की। हम नासमझ मासूम बच्चे इस दुनियां में बिल्कुल अकेले हो गये थे।

तीसरे दिन अचानक बाहर कुछ शोर सुनाई दिया। किसी के चिल्ला कर रोने की आवाजें आ रही थी। हम तीनो ही बाहर दौड़े तो देखा एक सज्जन और एक

महिला खड़ी है। वे 'हाय भैया हाय भैया' करके रो रहे थे। हमें देख कर दोनो हमारी तरफ दौड़े और हमें अपनी बाहों में कस लिया और जोर–जोर से रोने लगे। उनको रोता देख हम लोग भी रोने लगे।

–"हाय हाय कितने मासूम और भोले बच्चे हैं।" महिला बोली।

–"भगवान ने कितना बड़ा दुख इन पर डाल दिया है," सज्जन ने बात को पूरा किया।

–"न रो बेटा न रो अब हम आ गये हैं तुम्हारी देख–रेख को।"

–"अरे नहीं पहचाना .... कैसे पहचानोगे ? तुम कभी हमसे मिले ही कहां हो। अरे बिटवा हम तो तुम्हारी चाची हैं और ये तुम्हारे चाचा हैं।"

हम लोग हतप्रभ से उन्हे देख रहे थे। कुछ बोल भी नहीं पा रहे थे। जगन काका, माई और सब नौकर भी बाहर दौड़े आये थे। जगन काका को देखकर वे सज्जन बोले जो स्वयं को हमारा चाचा कह रहे थे।

–"अरे जगन दादा क्या तुम भी हमें नहीं पहचान रहे हो। जरा बताओ तो इन्हें हम ही हैं इनके सगे चाचा–चाची।"

जगन काका भौचक्के से उन्हे देख रहे थे कि अचानक माई बोली

– "अरे तुम क्या लल्लन हो ?"

–"हां अम्मा सही पहचाना हम ही तो हैं लल्लन, इन बचवन के बापू के छोटे भाई।"

–"अरे लल्लन भैया खूब आ गये भैया तुम तो, इन बच्चों पर तो पहाड़ ही टूटा है। कोई आगे है ना पीछे है" कह कर माई जोर से रो पड़ी।

चाची बोली –" अरे अम्मा ये क्या कहती हो हम है ना हमसे सगा कोई और थोड़े ही ना है।"

–"इतने सालों में तो लल्लन भैया कभी झांके नही। कहाँ रहे ?" जगन काका ने दरयाफ्त की।

–"अब का बतायें दादा, बड़े दद्दा ने तो उस पतुरिया के लाने घर बार ही छोड़ दिया। अम्मा बाबू तक से तो नाता तोड़ लिये रहे। हमारी का बिसात है। अम्मा ने तो इसी लाने प्राण त्याग दिये पर बड़े दद्दा न पिघले। अम्मा के मरने पर आये रहे तब भी बापू से कहा सुनी भई रही।"

–"बापू बहुत समझाइश दिये रहे पर उन्हे न माननो हतो न वे माने।उस पतुरिया से बियाह रचाये रहे तभी तो आज ये दिन आये रहे कि औलादों का कोई पालनहार ही न रहा।" चाचा लगातार बोले जा रहे थे ।

–"अखबार में जब पढ़े रहे कि दद्दा नहीं रहे तो इतना दुख भया रहा कि का बतायें। दिल पर पत्थर धर लिये रहे कि जाने दो उनने कौन हम से नाता रखो जो हम उनके किरया–करम में जावें, पर अखबार में बचवन के फोटू देख जी जुड़ा गया। तुम्हारी बहू तो बचवन का फोटू देख धाड़–धाड़ रोन लागी कि ना हम तो जाई, उंहा उन बचवन का कौन है ?"

अचानक ही उन चाची ने हमें एक बार फिर से कस लिया और पल्लू में अपना मुंह छुपा कर रोने लगी

–''सच्ची कही, हम तो इन मासूम बचवन का फोटू देख अपने को रोक नाहीं सके। हम इनसे कह दिये कि तुम हो सकते हो पत्थर दिल, हम तो मॉ है न, हम जानत हैं मैया बाबू के बगैर बचवन का क्या हाल हुई गवा होगा।''

हम तीनों ही किंकर्तव्यविमूढ़ से खड़े थे। समझ नहीं पा रहे थे कि क्या कहें और क्या न कहें। यही हाल वहाँ खड़े सभी लोगों का हो रहा था। तथाकथित चाचा–चाची ही लगातार अपनी बात कहे जा रहे थे।

–''सच ही कहा है खून ही खून के लिये दौड़ता है। हमसे तो रहा ही नहीं गया। पहली गाड़ी पकड़ भागे चले आये।'' कह कर वे एक बार फिर दहाड़ मार कर रोने लगे।

हम लोग उनके इस तरह के व्यवहार से इतना सहम गये थे कि अपने को उनकी गिरफ्त से छुड़ाने के लिये रोने लगे और उन्हें धकेल कर जगन काका और माई के पीछे दुबक गये।

हम क्या दुबके थे वरन् हमारा भाग्य ही दुबक गया था।उस दिन से ही दुर्भाग्य दबे पांव हमारे घर में प्रवेश कर गया था। हम नहीं जानते थे कि अब हमारे जीवन की डगर कठिन से कठिनतर होने जा रही थी।

वे हमारे स्वयं भू चाचा घर में दाखिल हो गये और बैठक में जम गये। चाची भी थोड़ी देर बैठी रहीं फिर उठ कर उन्होंने पूरा घर घूमना शुरू कर दिया उनके साथ उनके दो लड़के भी थे। दोनो ही काफी बड़े थे।

हमारा दुमँजिला काफी बड़ा घर था। 6–7 कमरे थे। मेहमानों का कमरा अलग था तो पीछे नौकरों के 4 घर थे। चाची दांतो तले उंगली रख कर हैरान हो रही थी।

–''अरे सुनते हो दद्दा ने हवेली बनाय रखी है। कित्ते बड़े–बड़े कमरा हैं।''

–''तो तुम क्या समझीं दद्दा बहुत बड़े हीरो रहे आये सारे देश में उनकी धूम मची रही। भाभी भी कोई कम थीं का। तुम तो एक कमरा में अपना सामान धर लौ और एक कमरा में दोनों लड़कन का।''

–''हम तो सोच रहीं हैं कि दद्दा और भौजी का कमरा ही हमारे लाने ठीक रहियो और बगल वाला लड़कन के लिये हो जाई।

–''हॉ हॉ बिल्कुल ठीक कहत हो उस कमरा का अब का होई।''चाचा ने जोड़ा ।

–''अरे अरे ये क्या करते हो लल्लन भैया। और बहुत से कमरे खाली हैं बच्चों का तो ख्याल करो, उनकी यादगार है वो।'' जगन काका बोल पड़े।

–''दादा अब तुम बीच में ना ही पड़ो। तुम तो चाकर आदमी हो अपनी हद में ही रहे आओ ना।'' चाचा गरजे।

काका एकदम सहम गये तो माई आगे आई और दरवाजा पकड़ कर खड़ी हो गयी और बोलीं

–''चाकर हों चाहे जो हों, भैया हम पर जिम्मेदारी डाले थे। बच्चों का अहित तो हम न होने देंगें।'' हम भी माई की साड़ी पकड़ कर दरवाजे पर खड़े हो गये।

चाची तो एक कदम पीछे हट गयी पर चाचा का चेहरा क्रोघ से लाल हो गया।

–''अब इस घर में नौकरों का राज चलेगाा क्या, हम कहते हैं हटो यहाँ से।''स्वयंभू चाचा तनफनाते हुए वहॉ पहुंच गये।

पर माई वहाँ से नहीं हटीं तो चाचा ने क्रोध में आकर दीपक भैया का हाथ पकड़ उन्हें खींच लिया और धक्का दे दिया। भैया गिर पड़ा और रोने लगा। हम दोनो भी जोर–जोर से रोने लगे।

तभी चाची बोली– ''अरे अरे जे क्या करत हो, इत्तो बड़ो घर है, कहीं भी पड़ रहेंगे। उठो बिटवा न रोओ, हम दूसरे कमरा में चली जायेंगी।''

चाचा कुछ बोले तो नहीं पर उनकी जलती आंखो से हम सभी बुरी तरह सहम गये। उस समय तो सब टल गया। पर हम लोग बहुत बुरी तरह से डर गये थे। हमें अपने अकेलेपन का अपनी बेबसी का एहसास बड़ी शिद्दत से होने लगा और हम फूट–फूट कर रोने लगे। जगन काका और माई भी सहम गये थे।

चाचा–चाची और उनके लड़कों ने पास वाले ही दोनों कमरों पर कब्जा कर लिया। हम लोगों ने भी स्वयं को अपने कमरों में बंद कर लिया। हमने मम्मी पापा के कमरे का बाहर का दरवाजा बंद कर लिया और अँदर से ही हम अपने कमरे में आ गये।

माई भी डर तो बहुत गईं थीं पर हमको समझाने लगी

–''तुम लोग भैया के कमरे में ताला लगा लो और चाबी छुपा लो। हमको इन लोगों के लक्षण ठीक नहीं लग रहे हैं।''

जगन काका दीदी से बोले –

–''बिटिया उस कमरे की चाबी किसी को मत देना। रूपया पैसा तो सब वहीं धरा है। हमें लगता है लल्लन भैया की नीयत में खोट है।''

–''सही कह रहे हो इन बच्चों की दुर्दशा न कर दें ये लोग'', माई बोली। ''अब तो दिव्या बिटिया तुम्हें ही सब सम्हालना है तुम सबसे बड़ी भी तो हो।''

दुर्दशा वे लोग क्या करते वो तो भगवान ही ने हमारी कर दी थी। 10 साल की दीदी भी कोई बहुत बड़ी नहीं थी। जो वो सब कुछ सम्हालती। हम लोग रह रह कर रोने लगते और कर भी क्या सकते थे।

अगले दो–तीन दिनों में हमारा घर अनगिनत रिश्तेदारों से भर गया। कोई स्वयं को हमारा चाचा कहता तो, कोई मामा तो कोई बुआ थी तो कोई मौसी। तो कोई हमारी बहन थी तो कोई जीजा इतने सारे नाते रिश्ते थे जिन्हें हम जानते ही नहीं थे कि वे होते क्या हैं, क्योंकि हमने तो मम्मी–पापा के अलावा कोई और रिश्ता कभी जाना ही नहीं था।

घर में हर तरफ शोर सा मचा रहता। लग ही नहीं रहा था कि यहां दो–दो मौते हुई हैं। तीन मासूम बच्चों का जीवन उजड़ गया है। उनका पालनहार अब कोई नहीं रहा है। सब एक दूसरे के हाल पूछते हुए सालों से न मिलने के गिले शिकवे करते, फिर गपशप में लग जाते। हमसे किसी को कोई खास सरोकार नहीं था । वैसे भी हमारी पुकार तो तभी मचती जब कोई नया रिश्तेदार आ जाता। उसी समय सबका प्यार हम पर उमड़ पड़ता। हमें खींच कर कस कर दहाड़े मार कर रोने लगते। एकदम से पूरा माहौल ही बदल जाता। अचानक ही हम लोगों के प्रति

उन सबका प्यार हिलोरे मारने लगता और कौन सबसे ज्यादा सगा है इसकी होड़ लग जाती। सब हमें अपने में समेटने लगते और हम घबराहट में रोने लगते तब काका या माई ही हमें उनसे बचाते और कुछ देर बाद सब अपनी व्यवस्था में लग जाते जिसका जहां सींग समाता वहीं डट जाता। पूरा घर ही लोगों से भरा पड़ा था और सब लोग नौकरों पर हुकुम बजाते रहते – "ये लाओ, वो लाओ" जगन काका और माई ही किचन सम्भाले थे। वे ही पूरी व्यवस्था कर रहे थे।

हर तरफ अफरा-तफरी सी मची रहती लगता जैसे घर में कोई शादी हो। हंसी ठहाका भी लगा रहता। हम तीनों ही अपने कमरे में दुबके रहते। इसी तरह आठ–दस दिन गुजर गये। हम लोग देख रहे थे कि सबसे पहले आने वाले सोहन चाचा और चाची ही शायद हमारे सगे चाचा–चाची थे, क्योंकि वे ही सब पर अपना हुकुम चला रहे थे और हर आने वाला उनसे थोड़ा दब भी रहा था।

एक दिन चाचा ने सब नाते रिश्तेदारों को इकट्ठा किया और कहने लगे– "कल भैया–भाभी की तेरहवीं के बाद आप सब लोग अपने–अपने घर लौट जायें हम लोग आपका खर्चा अब न उठा सकेंगे।"

उनमें से एक सज्जन कहने लगे – "हम कहाँ जायेगें भैया, हम तो यहीं कहीं कोने में पड़े रहेंगे।"

एक बोले – "इतना बड़ा घर है, दस तरह के काम होंगे, हम आपकी मदद ही करेंगे।"

–"अरे घर में इतने सारे नौकर चाकर हैं सब को भगाओ हमारी बीबियां घर सम्हालेंगी। बाहर के काम को हम हैं न।"

–''सही तो कह रहे हैं, नौकरों को इतनी–इतनी पगार दोगे इससे तो हम रहेंगे घर के आदमी, खायेंगे पियेंगे और कहीं कोने में पड़े रहेंगे।''

–''सोच लो भैया तुम्हारे भले की ही कह रहे हैं।''

इस तरह की बातें शुरू हो गई चाचा भी उस समय चुप रह गये। ऐसा लग रहा था मानो खुला खाता हो जो चाहे लूट ले जो चाहे खसोट ले। हर कोई मुंह मारना चाहता था।

अगले दिन तेरहवीं का भव्य आयोजन था। बहुत से लोग आये थे उसमें पापा के निर्माता, निर्देशक, सहयोगी और भी कई लोग थे। चाचा सभी से बड़े अधिकार से मिल रहे थे। हम तीनों तो बस एक जगह चुप–चाप बैठे थे। लोग आते हम पर तरस भरी निगाह डालते और अफसोस करने लगते। कोई हमारा सर सहलाता तो कोई हमें प्यार करता। हम गुमसुम से ये नजारा देख रहे थे। आज सोचती हूं तो लगता है कि उस दिन लोगों के चेहरे पर सहानुभूति नहीं वरन् तरस ज्यादा था और सही भी था कि हमारे तरसने तड़पने के दिनों की वह शुरूआत ही तो थी।

वहां बोस अंकल को देख दीदी दौड़कर उनके पास पहुंची और बोलीं–

–''अंकल अंकल मुझे आपसे मिलना है पापा के सभी एकाउण्ट्स और उनके पैसों की जानकारी मुझे चाहिये।''

अंकल भौचक्के से उसका मुंह देखने लगे शायद उन्हें 10 साल की एक छोटी सी लड़की से ये आशा कदापि नहीं होगी कि वह इतनी समझदारी की बात कर सकती है।

उन्हे चुप देख कर दीदी फिर से बोली

–''अंकल मैं कल आपसे ऑफिस में मिलने आ जाऊंगी।''

इस पर वे बोले–

–''अरे तुम चिन्ता मत करो मैं सब देख लूंगा और जल्दी ही तुमसे मिलूंगा। अभी तो मैं बाहर जा रहा हूं। तुम्हें फोन करूंगा।''

उन्हें बात करते देख चाचा एकदम से उनके पास आ गये–

–''क्या बातें हो रहीं हैं।कुछ हम भी तो सुने ,का है बिटिया का जानना चाहती हो हम बतातें हैं,बोस बाबू क्या बतायेंगे ।'' और बोस अंकल के कंधे पर हाथ रख कर आगे बढ़ गये। दीदी उनका मुंह देखती रह गई। कुछ बोल नहीं पाई।

थोड़ी देर बाद वे अंदर आये और कहने लगे–

–'' अरे बिटिया तुम काहे चिन्ता करती हो हम हैं ना ,सब ठीक कर देंगे।''

जलती आंखों से दीदी को घूरते हुए भरसक अपनी आवाज को संयत करते हुए वे बोले। दीदी बहुत सहम गई।क्योंकि उस समय बहुत लोग थे इसलिये वे संयम बरत रहे थे।

सब लोगों के जाते ही चाचा ने दीदी को बुलाया व धमकाते हुए बोले–

–''देखो दिव्या बेटी जादा हुशियारी ना दिखाओ,बड़ों के रहते तुम्हे का जरुरत है अपनी नाक घुसाने की!''

–''नहीं मैने सोचा पापा के पैसों की पूरी जानकारी तो उनके पास ही है,अब तो मुझे ही देखना पड़ेगा।''दीदी ने जवाब दिया।

–"क्यों क्या हम भी मर गए हैं जो तुम्हे देखना पड़ेगा।"

–"ठीक ही तो कह रही है अब तुम को कौन जानता है?" एक स्वयंभू चाचा बोले।

–"अब भैया आप तो बीच में ना ही पड़ो ये हमारे घर का मामला है हम ही देख लेंगे।आप तो कल चले जाओगे आगे तो हमें ही सम्हालना है।"

–"चलो बिटिया अपने कमरा में जाओ इधर की चिन्ता हम पर छोड़ दो।"एक तरह से दीदी को धकेलते हुए वे बाहर चले गए।

_____"""_____

!छः!

मम्मी–पापा को गये आज पूरे 15 दिन हो गये थे पर हमें ऐसा लग रहा था मानों 15 बरस गुजर गये हैं।

रिश्तेदारों का जमघट लगा ही हुआ था। कोई हटना नहीं चाहता था। हर कोई यहीं सोच रहा था कि शायद उनकी गोटी यहॉ फिट हो सकती है इसलिये हर कोई इसी कोशिश में लगा था किसी तरह यहीं ठिकाना मिल जाये तो वारे न्यारे हो जायेंगे । हमारी किसी को कोई फिकर नहीं थी हम तीनों ही अपने कमरे में बंद रहे आते न हमारे खाने का कोई ठिकाना था न ही किसी और काम का। राधा माई और जगन काका भी दिन भर रिश्तेदारों की खातिरदारी में लगे रहते।

दो एक दिन बाद चाचा सबको एक बार फिर घर खाली करने के लिये जोर डालने लगे। कहने लगे –

–"अब सब कारज हो चुके हैं आप लोग अब घर खाली करें। जिससे हम भी इन बच्चों की व्यवस्था करें और अपने गांव जायें।"

–"तो तुम क्या बच्चों को अकेला छोड़ दोगे अरे भाई आप तो जाओ हम ही सम्हाल लेंगे इन बच्चों को" अपने को हमारा फूफा कहने वाले सज्जन चिल्लाये। तभी एक बुजुर्ग जो अपने को हमारा दादा कहते थे बोले –

–"हमारा तो भई बुढ़ापा है हम तो यहीं रह जायेंगे जैसे गांव में रहेंगे वैसे यहां रहे आयेंगे" फिर कुछ रूक कर बोले –

–"हमारी मेहरारू इन बच्चों को दादी का प्यार भी देगी जिससे इनको मां–बाप की कमी भी नहीं रहेगी।"

–"अरे आप और अम्मा इस बुढ़ापे में इन बच्चों को कैसे सम्हालोगे हम हैं ना, आपकी बहू तो अभी जवान है बच्चों के साथ घर भी सम्हाल लेगी" एक सज्जन आगे बढ़ कर बोले।

–"और क्या भैया जब तुम गांव जाने का सोच रहे हो तो इन मौड़ा मौड़ी की देखभाल कौन करेगा,तुम तो आराम से जाओ इहां की चिन्ता हम पर छोड़ दो।"

–"ठीक भी है अभी तो ये बच्चे बहुत छोटे हैं अकेले कैसे रहेंगे।"

–"और जगन पर छोड़ने का मन बना रहे हो तो उनसे जादा तो हम इनके सगे हैं हम जादा अच्छे से सम्हाल लेंगे।"

–''नौकरों पर छोड़ने से तो अच्छा है कि हम सम्हालें।आखिर हम रिश्तेदार हैं नौकर तो फिर नौकर ही है।''

–''तो फिर तय रहा हम यहीं बच्चों के पास रहे आयेंगे।'' एक सज्जन बोले!

–''अरे तुम्हारे अकेले के बस का ना है,इतना बड़ा घर है कारोबार है,मिलजुल कर सब सम्हाल लेंगे।''दूसरे सज्जन बोले।

हर कोई अपनी ढपली और अपना राग बजा रहा था। एक अजब सी चिल्लपौं मची थी।

तभी चाची चिल्लाई – ''हमें किसी की जरूरत ना है। हमारे देवर के बच्चे हैं हम चाहे जो करें, तुम सब अपना बोरिया बिस्तर समेटो और चलते बनो।''

–''हमारे भैया का घर है और हम ही सम्हालेंगे हमें कौनो की जरूरत ना है, चलो–चलो सब निकलो यहां से'' चाचा चीखे।

अगले दिन से ही सबने बेमन से अपना सामान समेटना शुरु कर दिया,पर कोई जाना नहीं चाहता था हर कोई सोच रहा था कैसे भी करके यहॉ रहने को जरा सी जगह मिल जाये पर सोहन चाचा भी पक्के थे उन्होंने किसी को हाथ नहीं धरने दिया। अगली शाम तक चाचा ने आखिर सबको रवाना कर ही दिया। जाते समय भी एक बार फिर वही नाटक दुहराया गया। हम बच्चों को पकड़–पकड़ कर हर कोई आंसू बहाता और हमें आश्वस्त करता..................

–''जरा भी तकलीफ हो तो हमें बुला भेजना हम एक टॉंग पर दौड़े आयेंगे।''

एक सज्जन ने मुझे गोद में उठा लिया

–"बड़ा ही तरस आता है इन बच्चों पर, देखो तो कैसी मासूम सी सूरत है।"

स्वयंभू दादी बोलीं–"सच ही कहते हो भैया हमारा तो जी जुड़ा जाता है इनकी भोली सूरतें देख, अब लल्ला हमें रूकने ही नहीं दे रहे तो क्या करें।"

–"अरे लल्ला हम बुढ्ढ़ा–बुढ्ढ़ी को तो रह जाने दो हम तुम्हारा सहारा ही रहेंगे।"

–"अभी तो आप सब जाओ जरूरत होगी तो सबसे पहला बुलावा हम आपको ही देंगे" चाचा बोले। इस तरह चाचा ने सबको भगा कर ही दम लिया। किसी को भी टिकने नहीं दिया।

रिश्तेदारों के जाने से हमारा घर एक बार फिर खाली हो गया। यहाँ तक कि घर भी काफी खाली–खाली हो गया घर का बहुत सारा सामान गायब हो चुका था। साजो सामान के साथ मम्मी–पापा के कपड़े जेवर दीगर सामान कुछ भी नहीं बचा था। जिसके हाथ में जो लगा था वही लेकर वो चंपत हो गया था। लोगों ने सोचा होगा यहां तो दाल गल नहीं रही है तो भागते भूत की लंगोटी ही सही।

अंत में घर में रिश्तेदारों के नाम पर सिर्फ सोहन चाचा और चाची ही रह गये थे। हमारे अपनों में जगन काका, राधा माई, राजू दादा और दो एक नौकर ही बचे थे।

———"„"———

!सात!

बहुत दिनों बाद घर की अफरा–तफरी शांत हुयी थी। एक बार फिर हमें सन्नाटों ने घेर लिया। सब कुछ बड़ा भयावह था। हमें अपना भविष्य अंधकारमय लग रहा था। सामने कुछ नही दिख रहा था। इतना बड़ा घर भांय–भांय कर रहा था। हम तीनों ही एक दूसरे का सहारा थे। मैं अक्सर रोने लगती थी। तब दीदी और भैया ही मुझे सम्हालते। धीरे–धीरे मुझे भी समझ आने लगा था कि अब हमारा

कोई नहीं है। इस तरह रोने धोने से कुछ हासिल होने वाला नहीं है हालात से समझौता करना ही होगा।

कुछ दिनों बाद राधा माई जगन काका और राजू दादा के अलावा सभी नौकरों की छुट्टी कर दी गई तथा जगन काका और माई ही नौकरों का सब काम करने लगे जबकि मम्मी–पापा के समय वे सिर्फ ऊपरी देखभाल करते थे तथा हम लोगों का ध्यान रखते थे। वे घर में बुजुर्गों की हैसियत से रहते थे पर अब चाचा–चाची ने उन्हें नौकरो की हैसियत में ला दिया था। हमारी देखभाल करने वाला अब कोई नहीं था। चाची उन्हें हमेशा काम में लगाये रखती।

एक दिन दीदी ने चाचा से कहा – ''चाचा हम लोग कल से स्कूल जाने लगते हैं। पढ़ाई का बहुत नुकसान हो रहा है।''

चाचा एकदम बिफर गये एकदम चिल्लाकर बोले–

–''क्या कहा स्कूल जाओगे वहाँ का खर्चा कौन उठायेगा। तुम्हारे बाप तो फूटी कौड़ी भी नहीं छोड़ गये हैं। वो तो हम ही हैं जो अपना घर बार छोड़ यहाँ पड़े हैं और तुम लोगों की देखभाल कर रहे हैं।''

–''तब ही तो सब नौकरों को भगाना पड़ा है और हम चौका सम्हालते हैं'' चाची बोली। जबकि चाची रसोई में झांकती भी नहीं थी वो तो माई थी जो सबको खाना मिल रहा था।

–''अब तुम्ही बताओ तुम्हें खिलाये पिलायें या पढ़ाये'' चाचा जोर से बोले।

दीदी एकदम से सहम गई उससे कुछ कहते नहीं बना। हम दोनो का हाथ

पकड़ कर बाहर आ गई। हम निराश हो चुके थे कुछ समझ नहीं आ रहा था हम क्या करें।

अब हम कभी इधर कभी उधर बैठे रहते हमें कोई पूछने वाला नहीं था। न हमें खाना समय पर मिलता, न ही हमारा कोई ठिकाना था। मम्मी–पापा के कमरे पर चाची ने कब्जा कर लिया था। हमारे खिलौने, किताबें, हर चीज पर चाचा के दोनों लड़कों का अधिकार हो गया था। हमारा अपना अब कुछ नहीं था। यहां तक कि हमारे कमरे से भी बहुत सा सामान हट गया था।

मम्मी–पापा के जाने के बाद दूध मिठाई तो हमें देखने को भी नहीं मिली थी। खाना भी रूखा–सूखा, दाल–रोटी बस। हमारे सारे नखरे खत्म हो चुके थे। दीपक भैया जो बिना हॉरलिक्स के दूध नहीं पीता था, अण्डे के बगैर नाश्ता नहीं करता था, अब जो मिल जाता चुपचाप खा लेता। दीदी और मेंरा भी यही हाल था जब जो मिल जाता चुपचाप खा लेते वरना पता नहीं दोबारा मिलता भी या नहीं।

जिन्दगी की कठिन डगर पर हम लड़खड़ाते कदमों से चल पड़े थे आगे सिर्फ अंधकार ही था कोई रास्ता नहीं सूझ रहा था हमारे जीवन के भवसागर में तूफान ताँडव कर रहा था, मानो ज्वार भाटा समुद्र की तलहटी को मथते हुए आसमान की ऊँचाइयों को छूने की नाकाम कोशिश करता हुआ धरती की गहराइयों में धँसता जा रहा था।

पढ़ाई तो हम लोगों की छूट ही चुकी थी, उस हानि से बचने का विकल्प दीदी ने खोज लिया था वे अब पापा की लायब्रेरी से किताबें निकाल कर हम दोनों

को पढ़ाने का प्रयत्न करने लगीं उन किताबों में कुछ बच्चों के लिये भी थी। ये किताबें हमारे लिये बड़ा सहारा साबित हुंई वे हमारे अकेलेपन की साथी तो थीं ही हमारे अनपढ़ रह जाने के डर को भी मिटा रही थीं।

——————" "——————

!आठ!

एसे ही हम लोगों के दिन कट रहे थे रोशनी की एक किरण भी कहीं दूर दूर तक दिखाई नहीं दे रही थी। कहीं कुछ नहीं हो रहा था ,बोस अंकल का भी कोई पता नहीं था।

एक दिन चाचा–चाची और उनके लड़के कहीं बाहर गये थे। हम तीनों घर में अकेले थे तब जगन चाचा ने दिव्या दीदी को समझाया–

–''बिटिया तुम बोस बाबू से काहे नहीं मिलती हो। सारा रूपया पैसा तो उन्हीं के पास है तुम्हारा।''

—''काका मैंने उन्हे कई बार फोन लगाया पर वो मिलते ही नहीं।''

—''बिटिया फोन लगाने से कुछ नहीं होगा तुम कल सबेरे ही उनके पास चली जाओ। मैं राजू से कह दूंगा वो तुम्हें ले जायेगा।''

अगले दिन हम तीनों राजू दादा के साथ बोस अंकल से मिलने गये क्योंकि हवन वाले दिन वे फिर आने का कह कर गये थे पर आये नहीं थे और न ही उनका फोन आया था। हम लगाते तो बात ही नही होती थी।

हम उनके घर पहुंचे तो उनके गार्ड ने हमारा नाम व आने का कारण पूछा— जब हमने पापा का नाम बताया तो उसने हमें बहुत प्यार से ले जाकर बैठक में बिठाया और कहा —

—''बच्चा लोग तुम बैठो हम अभी अपने साहब को बुलाता है।'' कह कर वह अंदर चला गया। थोड़ी देर बाद बाहर आकर बोला —

—''बच्चा लोग साहब तो घर पर नहीं है। तुम लोग कल आना।''

—''आप अभी तो कह रहे थे कि अंकल घर पर हैं। अब आप कह रहे हैं कि घर पर नहीं हैं।'' दीदी बोली!

—''आपने ठीक से देखा न .... हमे उनसे बहुत जरूरी काम है!'' इस बार भैया ने पूछा !

—''हम तुमको बोला न साहब घर पर नहीं है याने घर पर नहीं हैं तुम कल आना'' गार्ड थोड़ा चिढ़ कर बोला।

हम तीनों ही चुपचाप वहां से उठ गये क्योंकि हमारे पास और कोई चारा नहीं था। घर लौटे तो चाचा–चाची बाहर बरामदे में ही मिल गये।

–''कहां गये थे तुम लोग'' चाचा चीखे।

–''हम बोस अंकल के घर गये थे'' दीदी ने जबाव दिया।

–''किस से पूछ कर गये थे............

–''किसी से नहीं, बोस अंकल ही पापा का सारा काम देखते थे उनके पैसे और सभी एकाउण्ट्स का हिसाब वही रखते थे। वही पूछना था'' दीदी बोली।

–''तो हम क्या मर गये हैं, वो सब काम हम देख लेंगे।''चाचा चिल्लाये।

–''पर बोस अंकल तो आपको पहचानते ही नहीं हैं वो आपको कैसे बतायेंगें'' दीदी फिर बोली।

–''अब सभी हमें जानते हैं कि दद्दा के असली रिश्तेदार हम ही हैं तो हमें काहे ना बतावेंगे।''

–''हम उस दिन तुमको समझाये रहे ना कि हम सारा काम देख रहें हैं फिर काहे अपनी नाक घुसा रही हो।जादा हुशियारी ना दिखाओ।बच्ची हो बच्ची ही रही आओ वरना एसा सबक सिखायेंगे कि नानी दादी सब याद आ जायेंगी।''

–''तुम तो बड़ी सयानी हो गई हो मॉ–बाप को तो खा कर बैठी हो अब क्या हमें भी खाओगी'' चाची बहुत जोर से चीखीं।

–''हम आखिरी बार कह रहें हैं अब दुबारा चतुराई दिखाई तो टांग तोड़ कर हाथ में थमा देंगे। हम सब देखभाल कर रहे हैं ना! फिर काहे बीच बीच हो रही हो।''चाचा एक बार फिर गरजे।

–"चलो–चलो अब तुम सब अपने कमरे में जाओ अब बगैर पूछे कहीं मत जाना।" चाची बीच में बोलीं।

–" चलो भागो इहॉ से...........चाचा क्रोध से तमतमाते हुए बोले। हम लोग डरे सहमें से अपने कमरे में आ गये।

तभी चाचा बहुत जोर से चिल्लाये ....

–"राजू.............,राजू के बच्चे .... कहां है इधर आ"

–"जी.......... साहब"

–"जी साहब के बच्चे, गाड़ी किसके कहने से निकाली थी, तेरे बाप की है क्या ?"

–"साब दीदी रानी ने हमसे कहा था हम तो हमेंशा से ही उनके हुकुम के गुलाम हैं साब!"

–"हुकुम के गुलाम तेरी खाल खिंचवा दूंगा जो अब कभी बगैर हमसे पूछे गाड़ी को हाथ भी लगाया तो।"

–"जो आप कहो साब, भैया साहब ने ये गाड़ी बच्चों के वास्ते ही रखी थी।"

–"ज्यादा बड़बड़ करेगा तो जबान खींच लूंगा। अपनी औकात में रह।"

–"नही साब बड़बड़ काहे करेंगें। हम तो चाकर हैं दीदी रानी जो हुकुम करेंगी हमे तो पालन करना ही पड़ेगा ना साब.............

–"अबे चाकर की औलाद ,हम बताते है दीदी रानी का हुकुम चलेगा या हमारा।साले जिसे देखो सर पर नाच रहा है।"

—" आगे से अगर हमसे पूछे ताछे बगैर गाड़ी को हाथ भी लगाया तो धक्के मार के बाहर कर दूंगा।"

—"चल निकल यहां से या लगाऊं जूते"

राजू दादा फिर बिना कुछ कहे बाहर निकल गया और हम तीनों अपने दरवाजे की ओट से सब देखते रहे।

उस दिन के बाद चाचा ने गाड़ी की चाबी स्वयं रख ली अब गाड़ी तभी निकलती जब चाचा को कहीं जाना होता या उनके बेटों को जब चलानी सीखनी होती उनके दोनों बेटों ने राजू दादा से गाड़ी चलाना अवश्य सीख ली ।

—————"""—————

! नौ!

कई दिन निकल गये पर बोस अंकल नहीं आये दीदी उनको फोन लगाती पर हर बार ही वो घर पर नहीं होते थे और इतने फोन लगाने के बाद भी उन्होंने कभी पलट कर फोन नहीं लगाया।

मम्मी–पापा के पैसों के बारे में या किसी भी बैंक खाते के बारे में हमें कोई जानकारी नहीं थी। कोई मदद करने वाला भी नहीं था। धीरे–धीरे 20–22 दिन निकल गये पर न बोस अंकल का फोन आया न वे हमसे मिलने ही आये।

एक रात दीदी पानी पीने उठी तो बैठक में कुछ बातें चल रही थी। दीदी ने झॉका तो वहां बोस अंकल और सोहन चाचा और चाची में कुछ बात–चीत चल रही

थी उनके पास बहुत से पेपर्स भी थे। फिर बोस अंकल ने रूपयों से भरा एक सूटकेस खोल कर चाचा को दिखाया और उसे चाचा के हवाले कर दिया। थोड़ी देर बाद वे चुपचाप चले गये। दीदी से या हमसे मिलने की उन्होंने कोई जरूरत नहीं समझी।

अगले दिन मौका देख दीदी ने जगन काका को पूरा वाक्या सुनाया तो वे कहने लगे–

–"बिटिया ये बोस बाबू पहली बार नहीं आये हैं।"

–"क्या मतलब पहली बार नहीं आये हैं।"

–"अरे बिटिया ये सब कई दिनों से चल रहा है तभी तो हम तुमसे कहे थे कि तुम एक बार बोस बाबू से काहे नहीं मिलती हो।"

–"काका गई तो थी पर बोस अंकल मिले ही नही।"

–"सच है बिटिया उनकी तो साठ–गांठ लल्ला से हुई गई है ना।"

–"कैसी साठ–गांठ, काहे दद्दा बच्चों को क्या समझाइश दे रहे हो।" तभी अचानक चाची वहां आ गई।हम लोग एकदम सकपका गये।

–"ना हम तो कोई समझाइश नहीं दे रहे हैं" काका डरते–डरते बोले।

–"हम अपने कानों से सुन रहीं थी कि बोस बाबू से हमारी साठ–गांठ चल रही हैं।"

–"नहीं नहीं बहूजी आप गलत समझ रहीं है। हम तो यूं ही बात कर रहे थे और कुछ नही।"

–"यूं ही बात कर रहे थे या बच्चों को भड़का रहे थे।"

—''हम क्यों भड़कायेंगे बहूजी हम तो नौकर आदमी हैं।''

—''नौकर कहना और बात है और खुद को नौकर मानना अलग बात है। भैया क्या चले गये तुम अपने को मालिक समझ बैठे का ?''

—''नहीं नहीं मालिकिन हमें माफ करो अब कभी ऐसा नहीं करेंगे।''

इतने में चाचा वहां आ गये— ''क्या चिल्ल पों मची है''।

—''अरे तुम क्या जानो ये दद्दा बच्चों को भड़का रहे थे कि तुम्हारी और बोस बाबू की कोई साठ—गांठ चल रही है।''

—''क्या कह रही हो, क्यों बे जगन अपनी औकात भूल गया है क्या।''

—''नहीं नहीं भैया जी हम अपनी औकात जानत हैं।''

—''औकात जानत हैं अभी बताये देत हैं कि औकात किस चिड़िया का नाम होत है।''कह कर चाचा ने अपनी चप्पल उतार ली।

—''अरे अरे ये क्या करते हो लल्ला ये तुम्हारे बाप की उमर के हैं'' माई चिल्लाई।   —''अरे बाप की उमर के हैं तो चुपचाप कोने में काहे नहीं पड़े रहते . ... कह कर उन्होंने जगन काका को धक्का दे दिया। काका जमीन पर गिर पड़े, चाचा ने उन्हें एक लात जमाई और बोले —

—''आगे अपनी औकात में रहना वरना अभी तो एक ही लात जमाई है अगली बार हांथ पैर तोड़ देंगे।''

—''और बिटिया तुम ज्यादा ही सयानी हो रही हो,एक ही बार में सारा सयानापन निकाल देंगे'' चाचा ने पलट कर दीदी को धमकाया।

–"हमसे पूछो ना क्या सांठ–गांठ चल रही है हम बताते हैं तुम्हारे बाप कछु हिसाब किताब तो कर ना गये हैं और पैसा भी कुछ खास है ना। वो तो हम ही हैं जो तुम सबों की खातिर इहॉ पड़े है। क्या करें अपना खून है सोच कर पड़े हैं वरना कब के चले जाते।" चाचा अपना माथा ठोंकते हुए बोले ।

–"जादा सयाने बनने की कोई जरुरत ना है।अभी जमीन से उगी भी नहीं हो,जरा गम खा के रहो।" चाची अपना पल्लू कमर में खोंसते हुए चिल्लाई।

–"मॉ–बाप को तो खा के बैठी हो अब क्या पूरा जग ही खाओगी।" चाची ने अपना अगला वार फेंका।

एक तरह से दीदी को धमकाते हुए दोनों वहॉ से तनफनाते हुए चले गए। हम तीनों ही काका और माई से लिपट कर सुबकने लगे। हमें अब समझ आ गया था कि हम अकेले और मजबूर हैं, जो हमारा साथ देगा उसका यही हाल होगा।राजू दादा को तो चाचा ने पहले ही धमका लिया था आज काका और माई को भी हमसे छीन लिया था।

——————",,"——————

! दस!

चाचा चाची का व्यवहार उस दिन से काका और माई से बहुत बुरा हो गया था,वे बात बे बात उन्हें गालियॉ देने लगते।हमारे रोजमर्रा के काम भी यदि वे करते या हमसे जरा सी भी सुहानुभूति दिखाते तो चाचा उन्हें मारने दौड़ते। उन्हें हमेशा जलील करते।

यही वो राजू दादा के साथ भी करते।उन पर पैट्रोल चोरी का आरोप लगाते तो कभी कहते तुमने गाड़ी खराब कर दी।हालांकि जबसे राजू दादा हमें बोस अंकल के घर ले गये थे तबसे उन्हे गाड़ी देना बंद कर दिया गया था।अब गाड़ी उनके लड़कों के ही कब्जे में थी।

हमारी बाकी दोनों गाड़ियॉ कहॉ गई हमे पता नहीं है और हम लोगों में पूछने की हिम्मत भी नहीं बची थी।

एक दिन उनके दोनों लड़के गाड़ी लेकर कहीं गये थे और एक्सीडेंट हो गया उन लोगो को तो ज्यादा चोट नहीं आई पर वो आदमी स्पॉट पर ही मर गया। दोनो गाड़ी वहीं छोड़ कर भाग आये। थोड़ी देर में ही पुलिस घर आ गई। चाचा ने पुलिस को पता नहीं क्या समझाइश दी कि पुलिस राजू दादा को पकड़ कर ले गई। उस दिन के बाद हमने दादा को फिर कभी नहीं देखा । उनका क्या हुआ वे कहॉ गये कुछ पता नहीं चला। जगन काका भी कुछ बताने को राजी नहीं थे। वे तो अब हम लोगों से बात करने से भी डरते थे।

सही मायनो में हम अब पूरी तरह से लाचार हो गये थे,काका और माई का जो थोडा़ बहुत सहारा था वो भी छिन गया था।वे हमसे बात करना तो दूर हमारे पास तक नहीं फटकते थे।

चाचा चाची का व्यवहार हम लोगों से बद से बदतर होता जा रहा था। उनके लड़के चलते फिरते दीपक भैया को चपत लगा देते तो कभी दीदी की चोटी खींच देते,मुझे बेवजह धक्का दे देते। हम लोगों को परेशान करने में उनको बड़ा आनंद मिलता, हमें तंग करके वे ताली पीट पीट करके खुश होते और हम बेचारगी से आंसू बहाने लगते।

अब वे भैया से अपने जूते पालिश कराने लगे थे, कपड़े स्त्री कराते, अपने हर छोटे बड़े काम के लिये भैया को आवाज लगाते उन्हें दीपू कहकर चिढ़ाते। बेचारी दीदी भी दिन भर चाची की सेवा में लगी रहती,कभी उनके पैर

दबाती तो कभी उनका सर।फिर भी दिन भर दुत्कारी जातीं। मुझ पर थोड़ी कृपा थी शायद काम कराने के हिसाब से मैं काफी छोटी थी।जगन काका या माई यदि हमारा पक्ष लेते तो वे उन्हें गालियाँ देने लगते उनका अपमान करते ।

एक दिन भैया ने राम भैया के किसी काम को करने से मना कर दिया,इस पर उन्हें बहुत गुस्सा आ गया और वे भैया को लातों और जूतों से मारने लगे। ये देख काका दौड़े –

–"ये क्या करते हो भैया फूल से बच्चें हैं,काहे इन पर इतना जुलम ढाते हो,माफ कर दो भैया हम तुम्हारे पॉव पड़ते है।" कह कर उन्होने भैया को बचाना चाहा,पर शायद उनपर तो भूत सवार था वे काका पर ही पिल पड़े। माई भी बीच में पड़ीं –

–"अरे अरे ये क्या करते हो कुछ तो उमर का ख्याल करो तुम्हारे दादा के उमर के हैं जरा तो सोचो।"

तब तक चाचा चाची व श्याम भैया भी आ गये बिना कुछ सुने वे दोनों भी काका पर हाथ साफ करने लगे।चाची माई को धक्का देते हुए बोलीं–

–"तुम तो बीच में पड़ो ही ना, हम कहे देत हैं।हम पहले भी कहे रहे इन नासपीटों की जादा तरफदारी ना किया करो ,अब पड़ गई कलेजे में ठंडक।"

माई गिर पड़ीं उनका सिर टेबल से टकराया वे अपना सिर दबा कर बैठी रह गईं और वे तीनों ही काका पर लात घूंसे बरसाते रहे । हम तीनों बिलख बिलख कर रोने लगे। वे काका को अधमरा करके बैठक में जाकर ऐसे बैठ गये जैसे कुछ हुआ ही न हो।

हम काका को सम्हालने की कोशिश करने लगे,साथ ही बिलखते भी जा रहे थे। हम लोग बहुत डर गये थे,डर के मारे हमारी घिग्गी बंध गई थी।कुछ समझ नहीं पा रहे थे कि क्या करें। बहुत देर तक हम वहीं बैठे रहे,फिर माई उठीं और काका को उठा कर धीरे धीरे अपने कमरे में चली गईं कुछ न बोलीं।हम किंकतर्व्यविमूढ़ से वहीं बैठे रह गये।

रात अपने पैर पसारने लगी हम भी वहॉ से उठ कर अपने कमरे में आ गये ।हम लोगों के मुँह से एक भी बोल नहीं फूट रहा था। खामोशी की चादर सब ओर फैल गई थी।

अगले दिन हम पर एक पहाड़ और टूटा काका व माई हमारे पास आये और कहने लगे –

–"बेटा अब हमारा यहॉ गुजारा न हो सकेगा तुम हमें माफ करो।"

–"क्या कह रहे हैं काका,गुजारा न हो सकेगा?"दीदी ने पूछा!

–"हॉ बिट्टो, इतनी मार हम नहीं सह पायेंगे,हाथ पैर टूट गया तो इस बुढ़ापे में मट्टी पलीद हो जायेगी।"

–"काका हमारा क्या होगा, हमारी देखभाल कौन करेगा।" भैया ने पूछा!

–"पापा मम्मी आपको हमारे लिये ही लाये थे ना,अब आप हमारी मुसीबत के समय हमें छोड़कर जा रहे हैं।"दीदी ने उन्हें टोका!

–"बिटवा हम क्या करें तुम्हारे अम्मा बापू के हम पर बहुत एहसान हैं पर इन हालातों में इस जीवन में तो शायद हम उनका एहसान न चुका सकेंगे।" माई बोलीं।

उनकी ये बातें सुनकर हम लोग घबरा गये, ये लोग अगर चले गये तो हमारा क्या होगा हमें इन जालिमों से कौन बचायेगा, हम लोग बहुत डर गये।

–''काका ऐसा मत करिये,हमारा क्या होगा, हमारा तो आपके सिवा कोई सहारा भी नहीं है आप भी यदि छोड़ जायेंगे तो हम कैसे रहेंगे।'' हम तीनों ही उनसे लिपट गये और रोने लगे।

–''हम तुम्हारे हाथ जोड़ते हैं हमें जाने दो, बिट्टो हमारा तो बूढ.ा शरीर है इतने जुलम नहीं सह पायेगा इस उमर में अब और अपमान नहीं सहा जायेगा।''

–''हमें जाने दो बिटिया हम तुमसे हाथ जोड़ कर माफी मांगते हैं,जाने दो हमें! तुम्हारा हमारा साथ बस यहीं तक था।''माई रोते हुए बोलीं

–''नही नहीं माई एसा मत करो हमें तुम्हारी जरूरत है हम बिल्कुल अकेले पड़ जायेंगे'' दीदी ने विनती की।

पर वे दोनों ही पत्थर हो चुके थे, उन पर हमारे रोने का कोई असर नहीं हुआ उन्हें नहीं रूकना था और वे नहीं रूके। हमें बिलखता हुआ छोड़ कर वे बाहर निकल गये।

सच है जिनके मॉ बाप उनका सहारा नहीं बन सके उन्हें दूसरे क्यों सहारा देंगे। मम्मी पापा के एहसान का बोझ शायद इतना भी नहीं था कि वे पिटते पिटाते उस बोझ को हल्का करना चाहते।

कहा भी है कि ''**अन्याय करने वाले से बड़ा पापी अन्याय सहने वाला होता है।**''पर ये अन्याय सहना हमारी नियति बन चुका था क्योंकि हम इतने छोटे थे कि उसका प्रतिकार करना हमारे बस में नहीं था,इसे तो हमें सहना ही था हमारे पास

कोई और रास्ता भी तो नहीं था।काका व माई के पास विरोध करने का दम नहीं था इसलिये उन्होने घर छोड़ देने में ही अपनी भलाई समझी,और वे चले गये पर हमारा तो कोई और ठिकाना था नहीं अतः हमें तो भुगतना ही था।

उन दोनों के जाने से हम बहुत डर गये थे हम समझ ही नहीं पा रहे थे कि अब हमारा क्या होगा? कौन सहारा देगा, चाचा चाची के कहर से अब कौन बचायेगा? हमें चारों तरफ सिर्फ अंधकार ही अंधकार दिख रहा था कोई रास्ता नहीं सूझ रहा था।अभी तो हम मम्मी पापा के बिछोह से ही नहीं उबर पाये थे कि ये कहर टूट पड़ा, उन दोनों का जाना हमें बुरी तरह कुचल गया।

———"""———

!ग्यारह!

हम तीनों ही एकदम खामोश हो गए आगे आने वाले तूफान की आशंका से हमारे दिलों की धड़कन बढ़ती जा रही थी कि न जाने अब क्या होने वाला है।क्योंकि उनके जाते ही चाचा चाची व उनके लड़कों को हम पर टूट पड़ने की पूरी छूट मिल जायेगी, वे अब जैसा चाहें हमसे व्यवहार कर सकते थे उनको रोकने टोकने वाला कोई बचा ही न था। और हमारा बचाव करने वाला तो कोई था ही नहीं। अब तो हम उनके रहमों करम पर ही आश्रित थे।

तभी चाची की चीखते हुए आवाज आई –

–'' अरे कहाँ मर गये , अरी ओ दिब्बा कहाँ मर गई ,अब क्या चाय पानी हम बनावेंगे और तुम सबको बिठा कर खिलायेंगे।''

हम डरते डरते उनके सामने जा कर खड़े हो गए।

–''बहुत मातम मना लिया, अब चलो काम सम्हालो सारा काम पड़ा है कौन करेगा तुम्हारे अम्मा बाप आयेंगे क्या।''

–''चल छोरी तू चौका सम्हाल और छोरे झाड़ू कटका क्या तेरा बाप करेगा, ओए छुटकी तू क्या टिपर टिपर ताक रही है चल बहन का हाथ बंटा।''कह कर चाची सोफे पर पसर गईं। हम डरे सहमें से काम में लग गए। हम रोते जाते और काम करते जाते। हम समझ गये थे कि अब यही हमारी नियति है, हमारी सुनने वाला अब कोई नही था।

सब कुछ बिखरा बिखरा सा नजर आ रहा था। हम दिन भर काम में लगे रहते पर फिर भी डांट खाते अपशब्दों को झेलते। प्यार और सुहानुभूति की भावना तो हमारी जिन्दगी मे बची ही न थी ये शब्द तो हमारे लिये अब शब्दकोश का हिस्सा भर रह गये थे। हमारे जीवन से तो निकल ही चुके थे। मारपीट और अपशब्द ही हमारे भाग्य में रह गये थे।

ऐसे ही एक दिन भैया पोछा लगा रहा था कि रामू भैया उधर से निकले,उन्होने बाल्टी को एक लात मार कर पूरा पानी फैला दिया और भैया को पीटने लगे–

–''अबे बाल्टी रास्ते में जानबूझ के धरी थी ना जिससे हम इधर से निकलें, टकरायें और गिर पड़ें।''

–''नहीं भैया नहीं भैया'' कहते कहते वे जोर जोर से रोने लगे।इस पर चाची चिल्लाई–

–''अबे रोया या आवाज निकाली तो जबान खींच लेंगे एक काम तो ढंग से होता नहीं है टसुए जरा में बहने लगते हैं बड़ा भाई है जरा हाथ लगा दिया तो कौन सा पहाड़ टूट पड़ा, चल चुप हो जा।''

–''चल रामू रहन दे जान दे'' चाची के इतना कहने के बाद भी उन्होंने एक लात और जमा ही दी।

अब मार खाना हमारी फितरत बन चुका था,हम समझ ही न पाते कि हमसे कहॉ गलती हुई है बस लात घूंसे पड़ने लगते।इन लात घूंसो से अब मै भी नहीं बचती थी जब जिसका जी चाहता हम पर हाथ साफ कर लेता।हम लोग बहुत डरे डरे रहते उन्हें देखते ही कांपने लगते हम उनकी परछाईं से भी डरते।

यूंही रोते कलपते मम्मी पापा को गये साल भर हो गया, हमारी आंखों के सामने साल भर पहले का मंजर घूम गया, साल भर मे हमारी जिन्दगी बुरी तरह से अस्त व्यस्त हो चुकी थी।हम भीतर ही भीतर असीम एकाकीपन का अनुभव कर रहे थे। हमारे सिवा किसी को भी याद नहीं आया कि उनको गये साल बीत गया। दीदी ने डरते डरते चाची से कहा–

–''आज मम्मी पापा को गये एक साल हो गया उनकी याद में कुछ करना चाहते है आप कुछ रूपये दे दीजिये।''

चाची थोड़ी देर तो चुप रहीं फिर अचानक चिल्ला पड़ी–

–"बड़ा कारू का खजाना छोड़ गये हैं ना तुम्हारे बाप,हमारे पास ना हैं बर्बाद करने को रूपै शुपै चलो काम में लगो बिटवा आते होंगे ,भूखे होंगे।"

बुरी तरह दुत्कार कर उन्होंने दीदी को वहॉ से भगा दिया। वे बिचारी चुपचाप काम में लग गई।

इसी तरह दिन सालों में बदलने लगे दिन पर दिन हमारे कष्ट बढ़ते जा रहे थे।दीदी तो खाना बनाने वाली नौकरानी बन गई थी,मैं बर्तन कपड़े और घर के दूसरे कामों के लिये थी तो भैया झाड़ू बुहारू और घर बाहर के सभी कामों के लिये रह गया था।पता नहीं हमने ऐसा कौन सा पाप किया था जिसकी हमें ये सजा मिल रही थी अब तो हमारे ऑसू भी सूख चले थे।

हम वही बच्चे थे जिन्होने कभी एक गिलास पानी तक अपने हाथ से नहीं पिया थां। कुछ समय पहले तक जो पलकों पर बैठते थे फूलों की सेज पर सोते थे सबकी ऑखो के तारे थे अब वे धरती पर जुल्म और अत्याचार के कदमों तले रौंदे जा रहे थे।उनको सम्हालने पुचकारने वाला अब कोई नहीं था।दुत्कार व फटकार जिन्दगी का हिस्सा बन चुका थां। रात दिन कोल्हू के बैल की तरह काम में जोते रखा जाता, बात बात पर खरी खोटी सुनाई जाती हमें कोसा जाता मां बाप को खा जाने का दोष मढ़ा जाता। मारपीट तो आम बात थी।

आखिर हम बच्चे ही तो थे हमें खाना भी चाहिये था और खेलकूद भी।खेलकूद तो फिर भी एकबार भुलाया जा सकता है और उसे हम भूल भी चुके थे।वो हमारी जिन्दगी से बहुत दूर जा भी चुका था,पर पेट की आग का क्या करें

उसे भुलाना हमारे वश में न था,हम दाने दाने को तरसते थे, हम वही थे जो खाने की मेज पर नखरों का पिटारा खोले रहते थे ''ये नहीं खाना वो नहीं खाना,दूध नहीं पीना,ये अच्छा नहीं बना है कुछ और खाना है '' मम्मी हम लोगों की फरमाइश पूरी करते कभी थकतीं नहीं थी,हमारे पीछे कभी दूध का गिलास तो कभी थाली लिये दौड़ती रहतीं, माई भी उनका साथ देतीं रोज नये नये पकवान बनाती और अब पकवान क्या सूखी रोटी भी बमुश्किल नसीब होती थी। साफ सुथरे कपड़े पहनने वाले हम अब धूल मिट्टी से सने कपड़ो में ही अपना गुजारा कर रहे थे,हमारे पास ढंग के कपड़े भी नहीं थे जो थे वे भी फटने लगे थे।पैरों में शानदार जूतों और खूबसूरत सैंडलों की जगह अब टूटी चप्पल रह गई थी।

पढ़ाई लिखाई से तो हमारा नाता टूट ही गया था बाहर वालों से भी हमारा कोई सरोकार नहीं था हम घर की चारदीवारी में कैद थे हमें बाहर जाने की,किसी से बात करने की इजाजत नहीं थी। किसी से बात करते यदि किसी ने देख लिया तो हमारी खैर नहीं। इन दो ढाई सालों में हमने किसी बाहर वाले से बात तक नहीं की थी।

एसा नहीं था कि घर में लोगों का आना जाना नहीं था,चाचा ने कई दोस्त बना लिये थे घर मे शराब और जुए की खूब महफिल जमती खूब शोर शराबा मचता हमको बाहर आने की इजाजत नहीं थी। हम तो सिर्फ काम करने करने के लिये ही थे खाने में हमें जूठन ही मिलती।हम बेबसी और लाचारी का जीवन जीने को मजबूर थे।

भगवान की ये परीक्षा हम पर बहुत भारी पड़ रही थी।हमारे मॉ बाप ने न जाने कितने सपने संजोये होंगे हमारे लिये,क्या क्या सोचा होगा पर वक्त के थपेड़े एसे पड़े कि उनकी ऑखें मुंद गईं और हमारी ऑखें सूनी हो गईं।

——————",,"——————

!बारह!

समय का पहिया तो अपनी गति से दौड़ रहा था पर हमारे लिये तो ठहरा हुआ था क्योंकि हमारे जीवन में कोई परिवर्तन नहीं हो रहा था। भगवान भी शायद हमें भुला बैठे थे,जबकि हम दिन में हजारों दफे उसे याद करते पर उन्हें हमारी पुकार सुनाई नहीं देती या वो हमारी पुकार सुनना नहीं चाहते या फिर अभी हमारे पाप धुले नहीं थे।

चाचा चाची मजे में थे, बोस अंकल हर महीने आते और एक मोटी रकम चाचा के हाथ में थमा जाते।हमें नहीं पता था कि पापा के किस काम के बदले

इतने रूपये हर महीने आते थे। चाचा तो कोई काम करते नहीं थे तो आमदनी कहॉ से हो रही थी।

एक दिन हिम्मत करके दीदी ने बोस अंकल का रास्ता रोक लिया और पूछने लगीं.................

—"अंकल आप जो रूपये चाचा को देकर जातें हैं वे हमारे पापा के ही हैं ना?"

वे एकदम बौखला गये उनसे कुछ बोलते नहीं बना, वे कभी चाचा का मुंह देखते कभी दीदी का फिर थोड़ा रूक कर बोले—

—"ये सारी बातें तुम अपने चाचा से क्यों नहीं पूछतीं हम तो नौकर आदमी हैं मालिकों की बातें हम क्या जानें।" कह कर वे बाहर निकल गये।

—"इधर आओ हम बतातें हैं............. ये रूपये तुम्हारे बाप के हैं या किसके हैं।" चाचा ने दांत पीसते हुए कहा।

दीदी में उस दिन पता नहीं कहॉ से हिम्मत आ गई थी, तमक कर बोली—

—"हॉ हॉ बताइये, आखिर हमारे पापा का इतना सारा पैसा कहॉ गया,और आप लोगों को ये हक किसने दिया कि आप हम पर जुल्म करें और हमारे पैसे पर ऐश करें और हमें रूलाएं और तड़पाएं।"

दीदी के इतना कहते ही चाचा उठे,दीदी की चोटी पकड़ कर उन्हें पटक दिया और लातों से उसे मारने लगे।

–"बड़ी चतुराई आ गई है बड़ों का लिहाज ही खत्म हो गया है अभी बताता हूँ किसका रूपया है और कौन ऐश कर रहा है।" चाचा चीख रहे थे।

–"बड़े पर निकल आयें जबान तो देखो कैसी पटर पटर चल रही है कहाॅ से सीखी जबान लड़ाना।" चाची ने भी दीदी को एक लात जमाई। फिर खुद ही बोलीं–

–" अरे सीखने की का जरूरत है माॅ तो इनकी पतुरिया ही थी ये लच्छन तो होंगे ही।"

–"आप हमारी मम्मी के लिये कुछ नहीं कह सकतीं" दीदी फिर चिल्लाईं।

–"तेरी ये मजाल हमसे जबान लड़ायेगी!हम एक बार नहीं हजार बार कहेंगी तेरी माॅ पतुरिया थी लल्ला पर डोरे डालकर मालकिन बन बैठी वरना कहीं कोठे पर नाच रही होती।"

–"मैने कहा ना आप मम्मी के लिये कुछ नहीं कह सकतीं..............कह कर गुस्से में दीदी ने आगे बढ़कर चाची को धक्का दे दिया वे गिरते गिरते बचीं।

बस फिर क्या था वे उन्हें बुरी तरह मारने लगीं। भैया और मैं दीदी को बचाने दौड़े,वे दीदी के साथ हमें भी मारने लगीं।

चाचा और उनके लड़के पहले तो चुप रहे फिर तो वे चारों ही हम पर पिल पडे, और हमें बुरी तरह से पीटने लगे,लाते और घूंसें बरसाने लगे,उससे भी जी नहीं भरा तो उनके लड़कों ने अपनी बैल्ट खोल ली और हमें तड़ातड़ मारने लगे। मारमार के हम तीनों को ही अधमरा कर दिया फिर घसीट कर कमरे में बन्द कर दिया।

हम तीनों ही आपस में लिपट कर खूब रोये। पर शायद उस दिन की मार हमारे जीवन को एक नई डगर पर ले जाने के लिये ही थी।दीदी और भैया के धैर्य का बांध टूट चुका था,उस रात जब सब सो गये तो हमने खिड़की के रास्ते घर छोड़ दिया।

रात के अंधेरे में हम तीनों एक दूसरे का हाथ पकड़े चलते गये चलते गये एक अनजानी अनदेखी राह पर, जिसकी कोई मंजिल नहीं थी,फिर भी हम चले जा रहे थे। भूख प्यास से हमारा बुरा हाल था पिटाई की वजह से हमारा पोर पोर दुख रहा था। तभी सामने एक पार्क दिखाई दिया हम वहॉ जाकर एक बैंच पर बैठ गये।कोई किसी से कुछ नहीं बोल रहा था।पार्क की ठंडी हवा और थकान ने कब हमें अपने आगोश में ले लिया पता ही नहीं चला।

मुंह अंधेरे किसी ने हमें जगाया और पूछने लगे –

–''तुम लोग कौन हो ,इतनी सुबह यहॉ क्या कर रहे हो'।'' हम चुप...... उनका मुंह देखने लगे कोई कुछ नहीं बोला।

–''अरे बताओ भई,इतनी सुबह सवेरे तुम लोग यहॉ क्या कर रहे हो।तुम्हारे मम्मी पापा परेशान हो रहें होंगे।''

हम फिर भी चुप रहे कुछ नहीं बोले,क्या बोलें समझ ही नहीं आ रहा था कि कहें तो क्या कहें?

–''अब जल्दी से बता दो वरना मैं तुम्हें पुलिस स्टेशन ले जाऊंगा।''

वे थोड़ा तेज आवाज में बोले। इतना सुनते ही दीदी ने रोना शुरू कर दिया उनकी देखा देखी हम दोनों भी रोने लगे। हमें रोता देख वे थोड़ा नरम पड़े और दीदी के सर पर हाथ फेरते हुए बड़े प्यार से पूछा –

–"बताओ बेटा क्या बात है तुम लोग यहॉ क्या कर रहे हो? घर से भागे हो क्या? क्या परेशानी है मै तुम्हारी मदद करूंगा। कहॉ रहते हो चलो तुम्हें घर पहुंचा दूं ,अच्छे बच्चे इस तरह घर से नहीं भागते ।"

दीदी चुप ही रही आई ,कुछ नहीं बोली। इस पर उन्होने फिर पूछा–

–" देखो इस तरह चुप रहने से तो नही ंचलेगा बताना तो होगा ही आखिर इतनी सुबह तुम लोग यहॉ क्या कर रहे हो,नहीं बताओगे तो मुझे तुम्हें पुलिस के पास पहुंचाना ही होगा।"

पुलिस के नाम से हम डर गये कि यदि इन्होने हमें पुलिस के पास पहुंचा दिया तो वो हमे पुनः उसी नरक में पहुंचा देगी।ये सोचकर दीदी ने कहा–

–"नहीं नहीं आप हमें पुलिस के पास न पहुंचाये हम स्वयं ही घर चले जायेंगे।" कह कर दीदी जार जार रोने लगी। दीदी के इस तरह रो पड़ने से उन्हें कुछ शक हो गया, वे फिर बोले –

–"देखो बेटा ये तो मैं समझ चुका हूँ कि कोई बात तो है जो तुम मुझसे छुपा रहे हो,अगर बताओगे नही ंतो मैं तुम्हारी मदद कैसे कर पाऊँगा, इसलिये बताना तो पड़ेगा ही।चलो अब अच्छे बच्चों की तरह सब बता दो।" और वे हमारे पास बैंच पर बैठ गये।

दीदी ने डरते डरते उन्हें अपना परिचय दिया और मम्मी पापा का नाम बताया।मम्मी पापा का नाम सुन कर वे एकदम खड़े हो गये — —"ये क्या कह रही हो तुम उनके बच्चे हो मुझे विश्वास नहीं हो रहा है तुम्हारा ये हाल किसने किया है?"

दीदी चुप रही तो उन्होने भैया से पूछा —

—"तुम ही बताओ बेटा क्या ये सच कह रही है क्या वाकई तुम उन्हीं के बच्चे हो,तुम इतनी बुरी हालत में कैसे हो,बताओ बेटा बताओ कुछ तो बताओ?"

पर कोई कुछ नहीं बोला। हम लोगों की चुप्पी देख वे थोड़ी देर चुप रहे फिर बोले

—"अच्छा चलो तुम लोग मेरे साथ चलो ,पहले कुछ खा पी लो फिर बात करेंगे,चलो बेटा चलो।"

हम टस से मस नहीं हुए। क्योंकि एक तो हम उन्हे जानते नहीं थे दूसरा हम ये भी सोच रहे थे कि अभी तो ये अपने घर चलने का कह रहे हैं फिर बाद में हमें दोबारा वहीं न पहुंचा दें । क्योंकि वे तो हमें अच्छी तरह जानते हैं। हम दुबारा उस नर्क में किसी कीमत पर नहीं जाना चाहते थे। हमें डरा हुआ देख वे फिर बोले —

—"डरो मत बेटा मै कुछ नही करूंगा। अरे बेटा तुम्हारे पापा के तो मुझ पर इतने एहसान हैं कि मैं गिना नहीं पाउंगा।उन्होंने ही तो मुझे फिल्मों में काम दिलाया उन्ही की वजह से तो मै आज इतना मशहूर फिल्म फोटोग्राफर हूँ। चलो बेटा चलो पहले घर चलो बाद में मै तुम्हारी कहानी सुनूंगा।" उनके प्यार व

सुहानुभूति से भरे शब्दों और उनकी आवाज की सच्चाई को पहचानते हुए दीदी ने कदम बढ़ाये उन्ही के सहारे हम भी आगे बढ़े।पार्क से बाहर आ कर उनकी कार में बैठ गये। कार दादर के एक आलीशान बंगले में जाकर खड़ी हो गई।अंकल हम लोगों को घर में लेकर गये फिर हमें वहीं बिठाकर स्वयं अंदर चले गये।

काफी देर बाद एक आंटी के साथ बाहर आये। वे कुछ नाटी मगर खूबसूरत महिला थीं,उनके चेहरे से राजसी सौंदर्य झलक रहा था।उन्हें देखकर मन को एक सुकून तथा शांति महसूस हुई।वे कुछ पल हमें देखती रहीं फिर आगे बढ़कर हमें अपनी बाहों में घेर लिया और बोलीं –

–"ये नन्हे फरिश्ते आपको इस हाल में मिले, आज इनके पापा के एहसान चुकाने का भगवान ने हमें मौका दिया है।आओ बच्चों चलो पहले कुछ खा पी कर नहा लो फिर हम तुम्हारे हाल जानेगें कि किसने तुम्हारी ये दुर्दशा की है।"

इतना प्यार पाकर हम फूट फूट कर रोने लगे,पिछले ढाई तीन सालों से किसी ने हमसे प्यार करना तो दूर प्यार के दो शब्द तक नहीं बोले थे। वे काफी देर तक हमें बहलाती पुचकारती रहीं।थोड़ी देर में हम सम्हल गये।

वे अंदर चली गईं और जल्द ही गरम दूध व खाने का सामान ले आईं तथा हमें खाने के लिये कहने लगीं पर हमको डर लगने लगा कि कहीं बाद में ये हमें मारने न लगें,हम तीनों ही सिमट गये कि कहीं एसा न हो कि हम खाना शुरू करें और ये हमसे छीनकर स्वयं खाने लगें और हमें दुत्कारने लगें।

–''अरे आओ बेटा पहले कुछ खा लो,मुझे लगता है तुम्हें बहुत जोरों की भूख लगी है, है ना !आ जाओ आ जाओ।''

हम तीनों एक दूसरे का मुँह देखने लगे कि आगे बढ़ें या न बढ़े। वे शायद हमारा पशोपेश समझ गईं थीं फौरन आगे बढ़ कर उन्होने मुझे गोद में उठा लिया और मेज की तरफ बढ़ गईं ,दीदी और भैया से आगे आने को कहा पर वे दोनों वहीं खड़े रहे। वे फिर बोली –

–''अरे डरो मत ,तुम्हें यहॉ कोई कुछ नही कहेगां। आओ कुछ खा लो।''

–''आ जाओ बेटा ,डरने की कोई जरूरत नही है, चलो चलो अच्छे बच्चों की तरह कहना सुनो।'' अंकल ने जोड़ा।

डरते डरते वे दोनों भी आगे बढ़े व धीरे से टेबल पर बैठ गये और चुपचाप खाने लगे ,आंटी बड़े प्यार से हमें परोस परोस कर खिलाने लगीं।हम खाते जा रहे थे और हमारी ऑखों से झरझर ऑसू गिरते जा रहे थे कई सालों बाद किसी ने इतने प्यार से खिलाया था। खाने के बाद आंटी बोलीं–

–''चलो अब तुम सब नहा लो तुम दोनों के लिये तो कपड़े मिल जायेंगे,पर छुटकी के लिये मुश्किल है चलो बड़ा ही सही।''

उन्होने हम लोगों को कपड़े दे कर नहाने भेज दिया। हम नहा कर बाहर आये तब अंकल ने हमें अपने पास बिठाया और पूछने लगे –

–''अब बताओ बेटा तुम्हारी ये दशा किसने बनाई तुम इस हाल में कैसे पहुंचे, कौन कौन है तुम्हारे घर में?''

हम चुप ही रहे। हम बहुत डरे हुए थे।तब आंटी ने फिर पूछा

–"देखो बेटा चुप रहने से तो बात बनेगी नहीं बताना तो होगा ही।"

–"बेटा जब तक बताओगे नहीं हमें कैसे पता चलेगा कि हम किस तरह तुम्हारी मदद करें । कौन है वो जिसने तुम लोगों का ये हाल बनाया है, कुछ तो बताओ।"

–"हमारे चाचा चाची और उनके दोनों बेटों ने।" दीदी ने डरते डरते कहा

–"क्या कह रही हो तुम्हारे चाचा चाची ने!"

–"हॉ वे हमें बात बात पर मारते हैं खाना भी ठीक से नहीं देते घर का पूरा काम भी हमसे ही करवातें हैं।"भैया बोला।

–"क्यों तुम्हारे पिताजी के जमाने में तो नौकरों की फौज थी सारे नौकर कहॉ चले गये।" अंकल ने पूछा।

–"उन्होने सबको भगा दिया है,कहते हैं कि पापा एक भी पैसा नहीं छोड़ गये हैं जबकि हमें पता है कि पापा के पास बहुत पैसा था क्योंकि पापा के पी.ए. बोस अंकल हर महीने बहुत सारे रूपये चाचा को देकर जाते हैं।"

–"हॉ हॉ दीदी बिल्कुल ठीक कह रही हैं,चाचा कोई काम तो करते नहीं हैं तो इतने ढेर सारे रूपये उन्हें बोस अंकल जरूर पापा के ही देकर जाते होंगे।"

–"तो क्या बोस बाबू एसा कर रहे हैं तभी हम कहें कि इनके पिताजी के जाने के बाद बोस ने भी सबसे नाता क्यों तोड़ लिया।"

–"अरे बोस तो बाहर का आदमी है इनके सगे चाचा को तो सोचना चाहिये था!सच है पैसा अच्छे अच्छों की नीयत बिगाड़ देता है।"

–"सही कहा तुमने, सच में पैसा बड़ी बुरी चीज है।"

–" पर ये तो बड़ा अनर्थ है आपको जाकर इनके चाचा से बात करनी चाहिये।"आंटी बोलीं।

–"तुम ठीक कहती हो मै उनसे जाकर शाम को ही बात करता हूँ।"अंकल बोले। –"नहीं नहीं आप उनसे मिलने जायेंगे तो उन्हें हमारे बारे में पता चल जायेगा वे हमें वापस ले जायेंगे और बहुत मारेंगे।" हम तीनों ही एक साथ बोल पड़े।

–" आप हम पर इतनी मेहरबानी कीजिये हमें किसी अनाथ आश्रम में पहुंचा दीजिये पर हम वापस वहॉ नहीं जायेंगे।" दीदी ने उनसे विनती की।

–" अरे तुम लोग मत घबराओ हमारे रहते कोई तुम्हे हाथ भी नहीं लगा सकता। " हम लोग डर के मारे फूट फूट कर रोने लगे, हमें लग रहा था कि अब हमारी खैर नहीं चाचा चाची तो हमें मार ही डालेंगे।

–"अरे अरे रोओ मत तुम्हारे अंकल वहॉ नहीं जायेंगे तुम्हे चिंता करने की कोई जरूरत नही है ।चलो तुम लोगों को कमरा दिखा देती हूँ तुम थोड़ी देर आराम कर लो।"

वे हमें एक बहुत अच्छे साफ सुथरे कमरे में ले गई ।हम वहॉ जाकर चुपचाप बैठ गये । वे बाहर चली गईं।हम तीनों ही समझ नही पा रहे थे कि अब आगे क्या होने वाला है। ये अंकल आंटी पता नही क्या सोच रहे है कहीं हमे कमरे में बन्द करके चाचा को बुलाने तो नही चले गये। अचानक दीदी बोली–।

–" दीपक देखो दरवाजा खुला है कि नही ?

उसने फौरन उठ कर देखा तो दरवाजा तो खुला ही था। हमें बड़ी तसल्ली मिली।

–" दीदी मुझे बहुत डर लग रहा है अगर इन लोगों ने हमे वापस पहुंचा दिया तो चाचा हमारा भुर्ता बना देंगे।"

–" अब डरो मत जो होगा सो देखा जायेगा। हम कोई और रास्ता खोज लेंगे। अब एक बार हिम्मत की है तो पीछे तो नही हटेंगे।" दीदी ने हमारी हिम्मत बढ़ाई।

–" क्या करोगी तुम ? चाचा तो हमे मार ही डालेंगे,पता नही अब क्या होगा, कौन हमें बचायेगा।"

–" हॉ दीदी मुझे भी बहुत डर लग रहा है।"

–" अब तुम दोनों डरना छोड़ो ,मै कह रही हूँ ना मैने तय कर लिया है कि अब हम उस घर में दुबारा तो नही जायेंगे और जायेंगे भी तो चाचा को तो वहॉ नही रहने देंगे।"

–" क्या एसा हो सकता है हमें अब उस नर्क से छुट्टी मिल जायेगी।"

–" हॉ हम इन अंकल आंटी से मदद मांगेगें , ये जरूर हमारी मदद करेंगे कोई न कोई रास्ता तो जरूर होगा।"

–"आपको लगता है ये हमारी मदद करेंगे।"भैया ने पूछा

–"यदि उन्हें हमारी मदद नहीं करनी होती तो हमें यहां लाते ही क्यों? ये लोग बार बार हमारे पापा के एहसान की बात कर रहे हैं तो जरुर हमें चाचा चाची से तो बचायेंगे ही!"

–"तो क्या जगन काका पर भी तो पापा ने बहुत एहसान किये थे पर वे कहां रुके।"

–"उनकी बात और थी चाचा उन पर जब चाहे हाथ उठा देते थे और फिर वे काफी बूढ़े व लाचार भी तो थे इनके आगे चाचा कुछ नहीं कर पायेंगे।"दीदी ने हम लोगों को समझाया!

–"देखते हैं हमारी किस्मत में और क्या क्या लिखा है।"भैया बोला

–"हॉ देखो भगवान की क्या मर्जी है।"

यूहीं बातें करते करते गहरी नींद ने हमें अपने आगोश में ले लिया और हम उसकी गोद में समा गये ।

——————"„"——————

!तेरह!

कई बार हमें लगता है कि नसीब हमारी उंगली पकड़कर हमें एक रास्ता दिखा रहा है कई बार वो रास्ता हमें घने जंगल की ओर ले जाता है और जंगल के उस पार शायद हमारा खुशनसीब हमारे स्वागत में खड़ा होता है बस हमे उस जंगल को ही पार करना होता है।उस दिन शायद बदनसीबी हमारा हाथ छोड़ कर हमेशा के लिये जाने वाली थी इसीलिये हमारी हिम्मत भी हमारा साथ दे रही थी। शायद हमारी जिन्दगी में रोशनी भरने के लिये सूरज बादलों के पीछे से बाहर निकलने वाला था,और हमारे जीवन में छाये अंधेरे अब पूरी तरह मिटने वाले थे।

अचानक बहुत से लोगों की आवाजें सुनकर हमारी नींद खुल गई।हम लोग दबे पांव बाहर आये तो क्या देखते हैं कि चाचा चाची व और भी कई लोग वहॉ बैठे हैं ।उन्हें वहॉ देख हमारी घिग्गी बंध गई हमें लगा अब तो हम गये ,हम जल्दी से दरवाजे की ओट में हो गये और उनकी बातें सुनने की कोशिश करने लगे। वे सब लोग चाचा चाची को आड़े हाथों ले रहे थे हर कोई उन्हें भला बुरा कह रहा था। वे सर झुकाये सब सुन रहे थे।सहसा चाची खड़ी हो गई व चिल्लाईं..

....

–''अरे इतना ही प्यार आ रहा है आप लोगन को तो आप ही क्यों नहीं पाल लेते, हमरे बस का तो ना है।''

–''और क्या आप का दिल पिघल रहा है तो पालें हम तो एसइ परवरिश कर सकें है, जिसका कलेजा फट रहा है वही पाल ले हमको कौनो एतराज ना है।''चाचा भड़के।

–''दूसरन के मौड़ा मौड़िन को पालना कोई हॅसी खेल ना है ।हम तो उनका अपना कलेजन का टुकड़ा समझ के पालन रहे उसका हमको ये इनाम मिला है। चलो हो रामू के बापू हम तो अपना गॉव चलें इहॉ कछु ना धरो है।'' कह कर चाची रोने लगीं।

हॉल में सन्नाटा खिंच गया। सुई भी गिरे तो आवाज सुनाई दे एसी चुप्पी छा गई । हम तीनों ही दरवाजे की ओट से सब देख सुन रहे थे।खामोशी से फैसले का इंतजार कर रहे थे। कोई कुछ नहीं बोल रहा था हमारे दिल की धड़कन बढ़ रही थी हम नहीं जानते थे हमारा अगला ठिकाना कौन सा होगा,यदि चाचा हमें

छोड़ कर चले गये तो हमारा क्या होगा ?क्या हमें सच में अनाथ आश्रम में ही शरण लेनी होगी या फिर अकेले ही जीवन काटना होगा।पांच मिनट तक कोई कुछ नहीं बोला,फिर अचानक आंटी खड़ी हो गईं और बोलीं –

–''हॉ मैं तैयार हूँ सबसे छोटी बेटी मेरी हुई उसको हम पालेंगे,पर तीनों की जिम्मेदारी हम नही सम्हाल सकते।''

पूरे हाल में सुगबुगाहट शुरू हो गई सन्नाटे की जगह एक हलके शोर से कमरा भर गया। तभी एक सज्जन उठे फिर बोले –

–'' बच्चों को तो बाहर बुलाइये ,देखें तो कितने बड़े हैं तभी तो फैसला कर पायेंगे कि हम किस बच्चे को पाल सकेंगे।''

आंटी अंदर आईं हमें दरवाजे के पीछे खड़ा पाकर ठिठक गईं फिर उन्होने मेरा हाथ पकड़ कर बाहर खींचा और दीदी से कहा –

–''आओ तुम लोग बाहर आ जाओ सब तुमसे मिलना चाहते हैं।'' हम लोग उनके पीछे पीछे बाहर आ गये।हमें देखकर एक बार फिर से खामोशी छा गई।हम लोगों ने डरते डरते चाचा की तरफ देखा वे गुस्से से हमें घूर रहे थे मैं दीदी के पीछे छिपने लगी भैया भी डर कर दीदी से चिपट गया,हम तीनों की ही हिम्मत आगे बढ़ने की नहीं हो रही थी पर आंटी ने हमारा हाथ पकड़ लिया और बोलीं–

–''डरो मत बच्चों हम सब हैं ना यहां!'' वाकई बहुत डरा रखा है आपने बच्चों को एसा तो कोई दुश्मन के बच्चों के साथ भी नहीं करता!'' चाचा पर लानत भेजते हुए वे बोलीं।

–''बहुत बड़ा पाप किया है आपने भगवान आपको इसकी सजा अवश्य देंगे!''एक आंटी बोलीं!

–''सच है इतने मासूम बच्चों पर कोई कैसे अत्याचार कर सकता है।''

–''कितने छोटे और मासूम हैं।''

–''जब खुद पालोगे ना तब पता चलेगा कितने मासूम हैं हमारी तो नाक में दम किये रहे।''चाचा से चुप न रहा गया।

–''अरे तुम काहे बीच में पड़ते हो जिन्हे तरस आ रहा है वही पाल लें,फिर देखेंगे कि कितना लाड. लड़ायेंगे!''चाची एकदम भड़क गईं।

–''दूसरन की औलाद को चाहे मोती चुगाओ कोई जस नहीं मिलता।चलो जी इहां तो सब हमरा ही नाम धरे हैं।''

–''ना ना देखें तो कौन लेता है इनकी जिम्मेवारी या यूंही गाल बजा रहे हैं।''चाचा अकड़ कर बोले।

एक बार फिर हॉल में सन्नाटा छा गया।सब चुप थे तभी एक अंकल बोले–

–''बड़ी बिटिया को मैं पालूंगा,इसकी पढ़ाई लिखाई से लेकर शादी तक पूरी जिम्मेदारी मेरी।मैं आप सब को विश्वास दिलाता हूँ ये मेरे घर में मेरी बेटी बनकर रहेगी।''

–'' क्यों मैं ठीक कह रहा हूँ तुम भी राजी हो ना।'' उन्होने अपनी पत्नी से पूछा!

–"हाँ हाँ मुझे कोई एतराज नहीं है ये आज से मेरी बेटी हुई ,आओ बेटी मेरे पास आओ।"

–"बस अब ठीक है ये मेरी बेटी है। क्या नाम है तुम्हारा?" दीदी भौंचक्की सी उन्हे देखती रही फिर धीरे से अपना नाम बताया।

–"क्या कहा दिव्या ,दिव्या ही बताया ना तुमने? वाह बहुत अच्छा नाम है! चलो दिव्या तुम हमारे साथ चलो।"

अब रह गया भैया,एक चुप्पी सी छा गई, तभी एक आंटी खड़ी हो कर बोलीं–

–"मेरी दोनो बेटियों को एक भाई मिल जायेगा ,आज से ये मेरा बेटा हुआ।"

–" ठीक है हमारा कोई बेटा भी नहीं है उसकी कमी ये पूरा करेगा,भई आज से ये मेरे बेटे की जगह लेगा।"

एक अंकल ने भैया के कंधे पर हाथ रखते हुए कहा।

–"क्या नाम है तुम्हारा? किस क्लास में पढ़ते हो?किस स्कूल में जाते हो?"

भैया ने कोई जवाब नहीं दिया।वे जवाब भी क्या देते ,भैया क्या हम तीनों ही ने पापा मम्मी के जाने के बाद स्कूल का मुंह तक नहीं देखा था।उन्होनें फिर पूछा

–"अरे भई कुछ बोलोगे बताओगे नही ंतो हमें कुछ पता कैसे चलेगा।"

–"हम लोग मम्मी पापा के जाने के बाद कभी स्कूल नहीं गए।"उसने डरते डरते जवाब दिया।

–"क्या कह रहे हो,क्यों क्यों स्कूल क्यों नहीं गए?" हम चुप ही रहे।

अंकल चाचा की तरफ मुखातिब होकर बोले–

–''आपने बच्चों पर अन्याय तो बहुत किया है,ये तो बड़ा अच्छा हुआ जो इन लोगों ने आपके चंगुल से निकल भागने की हिम्मत दिखाई।'' चाचा चाची दोनों ही सर झुकाए बैठे रहे।

–''चलो बच्चों कोई बात नहीं अब तुम्हारे तकलीफों के दिन खत्म हो गए हैं उन दिनों को एक बुरा सपना समझ कर भुलाने की कोशिश करो।''

–''हां जी अब तो जो हो चुका है उसे तो हम सब मिलकर भी मिटा तो नहीं सकते पर ये जरुर तय कर लें कि अब दुबारा इन पर एसी मुसीबत फिर ना आये।''एक आंटी बोलीं।

–''ठीक कहा आपने इनके पिताजी के एहसान चुकाने का भगवान ने हमें एक मौका दिया है हम उसके शुक्रगुज़ार हैं हम इन पर अब और जुल्म नहीं होने देंगे।''

–''मुझे लगता है अब हमें चलना चाहिये,चलो दिव्या बेटी तुम हमारे साथ चलो।''

–''हां हां भई अब चलना चाहिये,चलो बेटा ,अरे तुमने अपना नाम तो बताया ही नहीं।''उन अंकल ने भैया से पूछा।

–''दीपक''

–''दीपक चलो बेटा अपने घर चलो।''

सब लोग जाने के लिये खड़े हो गए।और इस तरह देखते देखते हम तीनों भाई बहनों का बंटवारा हो गया ,किसी ने हम लोगों से कुछ नहीं पूछा न ही ये

जानने की कोशिश ही की कि हम अलग होना चाहते भी है या नहीं।सब कुछ उन लोगों ने ही तय कर लिया।

वे लोग उसी समय दोनों को ले जाने को तैयार हो गये।हम समझ ही नही पाये कि अब हम अलग होने वाले हैं। आगे का जीवन हमें एक दूसरे के बिना अजनबियों के बीच बिताना है।हम तीनों ही डर गये एक दूसरे का हाथ पकड़ कर पीछे हटने लगे।हमें इस तरह पीछे हटते देख आंटी शायद समझ गईं कहने लगी

–"अरे अरे डरो मत! देखो बेटा तुम्हारे चाचा चाची तुम्हारी जिम्मेदारी नहीं उठाना चाहते इसलिये   शहर के कुछ प्रबुद्ध लोगों को बुला कर हम सब ने मिलकर तय किया है कि तुम सबकी परवरिश अलग अलग मगर संम्पन्न घरों में होगी।"

–"अरे बच्चों तुम अलग जरूर रहोगे पर जब चाहोगे मिल सकोगे,हम सब आपस में मित्र व सहयोगी हैं।" एक आंटी बोलीं।

–"सच है बेटा तुम तीनों को किसी एक पर नही छोड़ा जा सकता,तुम्हारे पापा के हम सब पर बहुत एहसान हैं ईश्वर ने हमे मौका दिया है कि हम उनका थोड़ा ऋण चुका सकें और फिर हम तुम्हे इस तरह सड़क पर भटकने के लिये भी तो नही छोड़ सकते!" अंकल ने अपनी बात रखी।

–"इसलिये अब कपूर साहब दिव्या की ,सिन्हा साहब दीपक की और दीप्ति की जिम्मेदारी हम सम्हालेंगे और अपने बच्चे की ही तरह परवरिश करेंगे और सब एक दूसरे की मदद करेंगे। जिससे पुनः तुम पर अत्याचार न हो सके।।"

—''बिल्कुल ठीक मैने दिव्या बेटी की देखभाल का जिम्मा लिया है और मै इसे पूरी ईमानदारी से पूरा करुंगा।''कपूर अंकल बोले।

—''और हम दीपक की, मेरी केवल दो बेटियॉ हैं उन्हे भाई मिल जायेगा और हमारा परिवार पूरा हो जायेगा।'' एक आंटी ने आगे बढ़कर भैया का हाथ पकड़ना चाहा वो एकदम पीछे हट गया।

—''अरे घबराओ मत हम तुम्हे बहुत प्यार से रखेंगे। तुम्हें कभी कोई तकलीफ नही होने देंगे।''

—''हम सब ने मिलकर तय किया है कि तुम्हारी जिम्मेदारी उठायेंगे तुम्हे पढ़ायेगे लिखायेंगे हर तरह से तुम्हारा ध्यान रखेंगे।'' एक अंकल बोले!

वे लोग तरह तरह से हमें समझाने लगे कि हमारा अलग होना ही एकमात्र विकल्प है क्योंकि तीन तीन बच्चों की जिम्मेदारी किसी एक पर नही डाली जा सकती थी और वे भलेमानस हमें अनाथ आश्रम भी नही भेजना चाहते थे, न ही सड़क पर भटकने देना चाहते थे ,इसलिये हमारे पास उनकी बात मानने के सिवा कोई रास्ता भी नही था और विरोध करने की हमारे पास कोई वजह भी तो नहीं थी।

हम तीनों ही चुप थे तभी दीदी ने मेरा व भैया का हाथ छोड़ा और कपूर अंकल के पास जाकर खड़ी हो गई। भैया ने पहले दीदी को फिर मुझे देखा और वह भी सिन्हा आंटी के पास चला गया। मैं अकेली वहीं खड़ी रह गई आंटी ने आगे बढ़कर मुझे गोद में उठा लिया। हमारा बंटवारा हमने कबूल लिया था।

इस बंटवारे को हमारे चाचा चाची मूक दर्शक बने देखते रहे ना वे कुछ बोले और ना ही कोई हस्तक्षेप किया,वे तो हमसे छुटकारा पाना ही चाहते थे, वो उन्हें बड़ी आसानी से मिल गया था।वे दोनो चुपचाप उठकर बाहर निकल गये ना उन्होने हमारी तरफ देखा ना ही कुछ कहा। हम भी चुपचाप उन्हें जाता देखते रहे ।

इसके बाद अब कुछ बचा नही था ।फैसला तो हो ही चुका था दीदी और भैया चुपचाप उन लोगों के साथ बाहर निकल गये। मै किंकत्तव्यविमूढ़ सी उन्हे जाता देखती रही। मैं भी शायद वक्त की नजाकत को समझ चुकी थी इसलिये मैने कोई प्रतिक्रिया नही की शांत रही। वे चले गये।

अब शायद भगवान को भी हम पर तरस आ गया था तभी तो उसने इन फरिश्तों को हमारा जीवन संवारने के लिये भेज दिया था । उसने हमें अलग जरूर किया था पर हमें एक बड़े नरक से मुक्ति दिला दी थी। वो भी, अब हम पर और अत्याचार नही सह पा रहा था तभी तो उसने हमारी जिन्दगी को एक नया मोड़ दे दिया था। ये नया मोड़ हमारी बेहतर जिन्दगी का पहला पड़ाव था,इस नये जीवन में हमे कुछ खुशनुमा रिश्ते मिले तो कुछ स्वार्थ से भरे अनोखे रिश्ते मिले जिनमें अनुभव था सीख थी विश्वास था और दुनिया का एक बिल्कुल अलग रूप था।इसने हममें दुबारा आत्मविश्वास भरा और हमे एहसास कराया कि दुनिया में चाचा चाची से हट कर भी लोग होते हैं जो स्वार्थ और छल कपट से दूर होते है जिनमें इंसानियत होती है जो एहसानफरामोश नही होते।

उस दिन हमने एक बात और सीखी कि अपनी हार को हराने के लिये हमें स्वयं कदम बढ़ाना होता है जब तक हम स्वयं प्रयत्न नही करते कोई हमारा

साथ नही देता, यदि उस दिन हमने घर से निकलने का साहस नहीं किया होता तो यूंही घुटते घुटते हमारे जीवन का अंत हो जाता। सच है किसी ने कहा भी है.....
.......''कोई भी हार तब तक आखरी नहीं होती जब तक आप उसे आखरी होने नहीं देते।''

_____''.''_____

!चौदह!

दुनिया के रंगमंच पर मेरे जीवन के एक अध्याय का पटाक्षेप हो चुका था तथा दूसरा अध्याय नये वातावरण में बिल्कुल अलग ही सोच लिये प्रारम्भ हुआ,ये सब इतना अप्रत्याशित था कि पहले तो मैं कुछ समझ ही नही सकी कि ये हो क्या रहा है। मैं एक नई दुनिया मे आ चुकी थी जहॉ प्यार ममता स्नेह सब कुछ था,शान्ति सुकून सौहार्द सभी की भरमार थी हर तरफ खुशहाली थी मै नर्क से निकल कर स्वर्ग में आ गई थी मेरा पूरा जीवन ही बदल गया था।

इस घर में अंकल आंटी और उनके तीन बच्चे थे दो लड़के एक लड़की।तीनों ही मुझसे बड़े, दीदी व भैया के बराबर ही होंगे।

उस दिन सबके जाने के बाद मैं असमंजस में थी कि अब क्या होगा? पता नही अब ये लोग मेरे साथ कैसा व्यवहार करेंगें।कहीं मुझे फिर से वही नरक तो नही भोगना है जिसे मेरे हिसाब से मै पीछे छोड़ आई हूँ। कुछ समझ नही आ रहा था तो मैने रोना शुरू कर दिया ।आंटी समझाने लगीं –

–" अरे रोने की क्या बात है चलो तुम्हारे नये बहन भाइयों से मिलवाते हैं।" अंकल ने उन लोगों को आवाज लगाई ,तीनो बाहर आ गये ।

–"आओ बच्चों देखो इसका नाम दीप्ति है,अब ये तुम्हारी सबसे छोटी बहन है,तुम लोग अब तीन नही चार भाई बहन हों।"

–"दीप्ति ये तुम्हारी अंजु दी हैं ये अजय भाई और ये विजय भाई है,आज से ये तुम्हारे बड़े भाई बहन हैं।"

–" क्यों ये हमारे साथ क्यों रहेगी अपने मम्मी पापा के साथ क्यों नही रहेगी इसकी मम्मी कहॉ गई?" छोटे लड़के ने पूछा।

–"इसके मम्मी पापा बहुत दूर गये है। अब ये अकेली है इसलिये हम इसे अपने घर ले आये है।"

–" तो क्या ये हमेशा हमारे साथ रहेगी,हमारे साथ स्कूल भी जायेगी " उसने पुनः पूछा।

–"बिल्कुल ठीक ,हमेशा यहीं रहेगी और तुम लोगों के साथ स्कूल भी जायेगी।"

–''मगर ये रहेगी कहॉ ! इसके पास तो कुछ भी नही है अभी तो इसने विजय के कपड़े पहने हैं।'' अंजु दी ने पूछा!

–''हॉ अंजु,कल इसके लिये भी कपड़े ला देंगे और अभी कुछ दिन ये तुम्हारे साथ रहेगी थोड़ा सम्हल जायेगी। तब इसके लिये भी कमरा ठीक कर देंगे।''

–'' मेरी तो बहुत पढ़ाई है ये तो बहुत छोटी है रात में रोयेगी और मुझे डिस्टर्ब करेगी। और सोयेगी कहॉ! ओह मम्मी एसे कैसे चलेगा।''

–'' अंजु गलत बात नही करते तुम समझदार लड़की हो, अपनी छोटी बहन के लिये एसा नही कहते।'' अंकल बोलें।

दी चुप हो गई जबकि अजय भाई ने कोई प्रतिक्रिया नही दी।पर विजय भाई ने आकर मेरा हाथ पकड़ लिया और बोले–

–''पापा क्या सच में अब ये हमारे साथ रहेगी।''

–'' हॉ बेटा अब ये तुम लोगों की छोटी बहन है तो और कहॉ रहेगी तुम्हारे साथ ही रहेगी।''

अंजु दी व भाई कुछ नही बोले। आंटी शायद समझ गई थी कि दोनों बड़ों ने अभी मुझे स्वीकारा नही है पर वे कुछ नही बोली। हम लोगो को वहीं छोड़ कर वे अंदर चली गईं। मैं एकदम शांत हो गई थी नही जानती थी कि अब आगे क्या होगा। रात हो रही थी,हम सबने एकसाथ खाना खाया, सब चुप थे कोई किसी से कुछ नही बोल रहा था।खाना खाने के बाद सब अपने कमरे में चले गये।आंटी मुझे अंजु दी के कमरे में ले गईं पलंग पर लिटाते हुए बोलीं –

–"बेटा अब सो जाओ सुबह देखेंगे कि क्या करना है।"

–"ये क्या मेरे पलंग पर सोयेगी तो मैं कहॉ सोउंगी!" दी ने आपत्ति जताई।

–"तुम इसके बगल में सोओगी एक दो दिन की बात है फिर इसकी व्यवस्था भी हो जायेगी।" आंटी ने कहा ।

किन्तु दी के चेहरे से नागवारी टपक रही थी पर वे कुछ बोली नही । आंटी मुझे सुलाने लगीं मैं चुपचाप आंख बन्द करके लेटी रही फिर न जाने मुझे कब नींद आ गई। सुबह जब सोकर उठी तो दीदी और भैया को न पाकर मै डर गई,मुझे रात की कोई बात याद नहीं आई ,मै उन दोनो को ढूढने के लिये कमरे से बाहर आई। बाहर आते ही मुझे सब याद आ गया पिछली रात का पूरा वाक्या मेरी आंखो के सामने घूम गया और मै बुक्का फाड़कर रो पड़ी ।तभी आंटी आ गई व मुझे बहलाने लगीं –

–"अरे सवेरे सवेरे कोई रोता है। अच्छे बच्चे रोते नही है।चलो चुप हो जाओ।" पर मेरा रोना बन्द ही नही हो रहा था,मैने और जोर से रोना शुरू कर दिया तब अंकल मेरा हाथ पकड़ के बाहर ले आये व बोले–

–"सबसे पहले तो रोना बन्द करो, चलो हमतुम पार्क में चलते हैं वहॉ बैठकर बातें करेगे।"

मैने रोना तो बन्द कर दिया पर मेरा सुबकना बन्द नहीं हुआ।वे मेरे सर पर हाथ फेरते हुए बोले–

–''अब अगर तुम रोना बन्द नहीं करोगी तो मैं जो कुछ तुमसे कहना चाहता हूँ कैसे कहूंगा,इसलिये अच्छी बच्ची की तरह शान्त हो जाओ जिससे हम इत्मिनान से बातें कर सके।''

चलते चलते हम लोग पास के पार्क में आ गये वहॉ एक बैंच पर बैठ गये। थोड़ी देर तक वे चुप रहे फिर उन्होने बोलना शुरू किया–

–'' देखो बेटा तुम लोगों ने छोटी सी उमर में बहुत दुख झेला है।अब हम सब मिलकर तुम्हे उस तकलीफ से बाहर लाना चाहते है,हम नही चाहते कि तुम इस नन्ही सी उम्र में और दुख सहो पर मैं अकेला तुम तीनों का खर्चा नही उठा सकता ,पर ये भी नही चाहता कि तुम लोगो को तुम्हारे हाल पर छोड़ दूॅ इसीलिये तो शहर के गणमान्य लोगो के साथ मिलकर ये इंतजाम किया है जिससे तुम लोगों की परवरिश में कोई कमी न रहे। इसलिये अब रोना बन्द करो और समझदार बच्ची की तरह हमारे साथ रहो । तुम्हारे भाई बहन से तुम्हे समय समय पर मिलवाते रहेंगे।''अंकल ने मुझे समझाइश दी।

मै बहुत छोटी थी पर हालातों ने मुझे काफी समझदार बना दिया था,मै कुछ बोली तो नही पर धीरे धीरे सुबकती रही। अंकल भी फिर कुछ नही बोले,हम काफी देर तक बैंच पर बैठे रहे। फिर हम चुपचाप घर लौट आये।

सब लोग स्कूल जा चुके थे । आंटी ने मुझे गोद में उठा लिया उनकी गोद में आते ही मैने एक बार फिर रोना शुरू कर दिया। उन्होने मुझे रोने दिया, थोड़ी देर में मै खुद ही चुप हो गई। मुझे चुप देख वे मेरे पास आईं मेरे कन्धे पर हाथ रखते हुए बोलीं–

–" बेटा अब तुम्हे हमारे साथ रहना है अब अजय विजय और अन्जु ही तुम्हारे भाई बहन हैं पर इसका ये मतलब कतई नही है कि तुम दिव्या व दीपक को भूल जाओ उनसे भी तुम्हारी मुलाकात होती रहेगी पर रहना अब तुम सबको अलग ही है।"

मैने कोई जवाब नहीं दिया क्योंकि मुझे समझ ही नहीं आया कि मैं क्या कहूँ। मैं चुपचाप उनका मुंह देखने लगी।

कुछ देर बाद वे मुझे बाजार ले गईं। मेरे लिये ढेर सारे कपड़े और खिलौने खरीदे। नई नई चीजें पाकर मेरा बाल मन सब भूल गया और मैं खेल में मगन हो गई । हम भाई बहनों का बंटवारा मेरे जीवन में बहुत बदलाव लाया,मेरी तो पूरी दुनिया ही बदल गई। मुझे एकबार फिर से मम्मी पापा मिल गये थे,वे दोनो ही मुझे बहुत प्यार करते। अजय भाई और अंजु दी जरूर मुझसे उखड़े रहते शायद वे मुझे बर्दाश्त नही कर पा रहे थे फिर भी उन्होने मुझसे कभी बुरा व्यवहार नही किया जैसा कि मेरे चाचा के लड़के किया करते थे। वे मुझसे कम बात करते ,अपने खेल में मुझे शामिल नहीं करते, स्कूल जाते समय भी वे दोनो या तो आगे चलते या पीछे रह जाते,बस में भी मेरे साथ नही बैठते। हॉ........मेरा भी दाखिला उन्ही के स्कूल मे हो गया था। एसे समय विजय भाई हमेशा मेरा साथ देते,उनसे मेरी अच्छी दोस्ती हो गई थी। पर समय के साथ अजय भाई, दी ओर मेरे बीच की ये दूरियॉ भी मिटने लगीं।थोड़े ही दिनों में मैं वहॉ रम गई। अच्छे पब्लिक स्कूल में पढ़ने और साफ सुथरे कपड़े पहनने का अवसर यदि मुझे न मिलता तो शायद मैं अन्य

किस्म की कुंठाओं से भर गई होती पर भगवान का बहुत शुक्रिया कि उसने मेरे जीवन में इतने भले लोगों का आगमन कर दिया।

मम्मीजी हॉ....... अब मै अंकल आंटी को पापा मम्मी कहने लगी थी। मम्मीजी मेरा पूरा ध्यान रखतीं मेरा होमवर्क भी वही करातीं। उन दोनों ने मेरी जिन्दगी का रूख ही बदल दिया, मुझमे और अपने बच्चों में कभी भेदभाव नही किया। मेरे मन में चाचा चाची के व्यवहार से जो भय और आतंक घर कर गया था वो धीरे धीरे मिटने लगा था मै अक्सर रात को जग जाती और रोने लगती तब मम्मीजी मुझे बहुत प्यार करतीं,दुलारतीं ,बहलातीं।उनका ये प्यार ये ममता मेरे जीवन की कटुता को धोने में सफल हो रहा था,मेरा खोया आत्मविश्वास लौटने लगा था। सभी का व्यवहार मेरे प्रति सुहानुभूति पूर्ण और अपनत्व से भरा था।

हमारा उस दिन घर से भागना हमारे दुखों के अंत का दिन था,हमारे जीवन में आये अंतहीन कष्टों से छुटकारे का दिन था। वह दिन हमारे उज्जवल भविश्य की पहली सीढी था।

——————" ,,"——————

!पन्द्रह!

आज सोचती हूँ कि वे मेरे जीवन में तारणहार का रूप लेकर आये थे। भगवान ने हमारे जीवन में जो अंतहीन कष्ट के दिन डाले थे उसकी भरपाई करने के लिये मुझे इस घर में पहुंचा कर कहीं अपने ही गुनाह को माफ कर लिया था। सच है शायद अनजाने में भगवान से एक बहुत बड़ा गुनाह हो गया था जो समझ आते ही उसने फरिश्तों को भेज कर सुधार लिया। मेरे तो जीवन की गति ही बदल गई। फिर भी दीपक भैया और दीदी के लिये मेरा मन बहुत तड़पता।इतना प्यार व ममता भी मुझे अपने भाई बहन की याद को भुलाने नही दे रहा था।मै उन्हे याद करके अक्सर रोने लगती।

उधर दीदी और भैया का भी यही हाल था वे भी मेरी तरह ही एक दूसरे के लिये तरसते रहते और रोने लगते।ये समय हमारे जीवन का कठिन समय था जो हमे तकलीफों से तो छुटकारा दिला रहा था पर हमे एकदूसरे से अलग कर रहा था।पिछले ढाई तीन साल से तो हम ही एक दूसरे का सहारा थे।अचानक ये बदलाव हमारे जीवन में बहुत उथल पुथल मचा रहा था।

एक दिन सिन्हा व कपूर अंकल आंटी हमारे घर आये,बहुत देर तक उनमें बातें होती रहीं,दीदी और भैया मेरे कमरे में आ गये पहले तो हम गले मिलकर खूब रोये।उन दोनो को ही मेरी बहुत चिन्ता थी एक तरह से वे ही तो अब तक मुझे सम्हाल रहे थे पर मुझे खुशहाल देखकर उन्हे सांन्तवना मिली।हम लोग एकदूसरे का हाल पूछते बताते रहे ।

थोड़ी ही देर में मेरा बालमन उन्हे अपने खिलौने कपड़े दिखाने के लिये ललक उठा और मै दौड़ दौड़ कर अपनी गुड़िया अपने कपड़े अपनी किताबें उन्हे दिखाने लगी,वे भी पूरी उत्सुक्ता से मेरी चीजें देख रहे थे और बड़ी हसरत से उन्हे छू छू कर देख रहे थे।

तभी मम्मी जी ने हमे बाहर बुलवाया,हम बाहर आ गये। पापाजी कहने लगे–

–"देखो बच्चों हम लोगों ने तय किया है कि अब हर इतवार को तुम लोगो को मिलवाया जायेगा,कभी यहॉ तो कभी कपूर साब तो कभी सिन्हा साब के घर पर। हम तुम्हे अलग नही करना चाहते पर साथ रख नही सकते इसलिये ये व्यवस्था कर रहे है।"

इस तरह हम तीनों के मिलने का सिलसिला चल पड़ा। अब हर इतवार का हम बेसब्री से इंतजार करते और अपने सुख बांटते।क्योंकि दुख तो हमारा पता ही भूल चुका था।हम लोग तीनो घरों मे एकदूसरे से मिलते। हम तीनों ही अपने नये घरो मे बहुत खुश थे।

दीदी कपूर अंकल के यहां थी और बहुत खुश थी।उनके घर में दो बच्चे थे वे दोनो ही दीदी की उमर के थे और उनसे घुलमिल गये थे।दीदी ने भी स्कूल जाना शुरु कर दिया था। वहीं भैया भी बहुत खुश था सिन्हा अंकल की दोनों बेटियां उससे छोटी थीं, वो दोनों भैया भैया कह कर उसके आगे पीछे घूमती रहतीं। हमारे जीवन में खुशियों का पर्दापण हो चुका था।

कभी मैं व दीदी दीपक भैया के ,कभी दीदी के घर तो कभी मेरे घर ,हम लोग एकदूसरे से मिलकर बहुत खुश होते तथा एकदूसरे को खुश देखकर हम भगवान को धन्यवाद देना नहीं भूलते थे।

मम्मी जी अक्सर उन दोनो को यहीं बुलवा लेतीं ,मुझे भी उनका यहां आना ज्यादा अच्छा लगता।यहां मेरा अलग कमरा था जिसमे हम मिलकर खूब खेलते बातें करते। सारा दिन एकदूसरे के साथ बिता सकते थे।

सब कुछ बहुत अच्छा चल रहा था पर धीरे धीरे मुझे लगने लगा था कहीं कुछ अनकहा अनचीन्हा सा है जो हम तीनो के बीच अपनी जगह बना रहा है एक अनदेखी दीवार हमारे बीच खड़ी होती जा रही थी।दीदी अक्सर मेरे कपड़ो मेरी चीजों को देख कर असहज हो जाती तो भैया मेरे खिलौने मेरी किताबो व मेरे स्कूल व पढ़ाई को लेकर अनमना हो जाता । अक्सर वे लोग मुझसे चिढ़ने का सा

व्यवहार करने लगते मेरी चीजें छीन लेते मेरी किताबें फाड़ देते या उन्हें गंदा कर देते, मेरी कपड़ों की अलमारी उलट पुलट देते। अब उनके आने से कुछ तनाव सा होने लगा था ।

हमारे बीच की सहजता कम हो रही थी उसकी जगह एक कुढ़न एक जलन अपने पॉव पसार रही थी। धीरे धीरे मेरा जी उनसे उचटने लगा था एक अजीब सी हिचक हमारे बीच आ गई थी जो हमें मन से अलग कर रही थी उन लोगों का व्यवहार मुझसे उखड़ा उखड़ा सा होने लगा था हमारे बीच एक दूरी जगह बना रही थी। मेरा मन अब उनसे मिलना नही चाहता था क्योंकि उनसे ज्यादा प्यार व अपनापन तो मुझे इस घर के बच्चों से मिल रहा था। वे मेरे साथ ज्यादा सहज थे। यहां मुझे अब तक सबने ही पूरी तरह से अपना लिया था,मै तीनों की छोटी बहन बन चुकी थी आखिर वे तीनों ही संस्कारी मां बाप की औलाद थे जिनका दिल बहुत बड़ा था जिन्होने एक पल में ही मुझे अपना लिया था और अपनी सगी बेटी सा ही मान व प्यार दिया था। वे सब मेरा पूरा ख्याल रखते यहां तक कि दी व अजय भाई का भी स्नेह मुझे मिलने लगा था। इस सब के चलते मुझे उनका साथ अच्छा लगने लगा था।

पर इतवार आते ही कुछ खिंचाव सा होने लगता क्योंकि उस दिन दीदी व भैया आते थे जिनसे वे मिलना नही चाहते थे ,मम्मीजी भी उन्हें बाहर भेज देंती थीं।उस इतवार को मुझे दीदी के घर जाना था पर मैने मम्मी जी से कहा –

–" आज मैं भी भाई और दी के साथ घूमने जाऊंगी ।"

–" तुम्हारी दीदी व भैया इन्तजार करेंगे।"

–" तो क्या आप उनको फोन करके बता दीजिये।"

–" ठीक है मैं उन्हे बता देती हूँ वैसे भी आज मै तुम लोगों को बाजार ले जाना चाहती थी।"

उन्होने फोन कर दिया। हम सभी बाजार गये मम्मीजी ने सबके लिये खूब खरीदारी की फिर हम लोग बगीचे में गये वहॉ हम सब जी भर कर खेले और खुशी खुशी घर लौटे। मेरा वो दिन बहुत अच्छा रहा मुझे दीदी व भैया की एकबार भी याद नही आई।

उसके अगले इतवार दीदी व भैया आ गये उनको देख कर मै बहुत खुश हो गई। मै उन्हे जल्दी से अपने कमरे में ले आई और पूरे उत्साह से उन्हे अपनी नई नई चीजें दिखाने लगी। वे बड़ी उत्सुक्ता से मेरा सब सामान देख रहे थे पर फिर पता नही क्या हुआ दोनो ही ने सब चीजें झटक दीं वे एक अजब सी चिढ़ से भर उठे। मैं सहम गई पर उन्होने मुझ पर ध्यान नही दिया।दीदी ने मेरी गुड़िया उठा ली, पता नही वो कैसे टूट गई उन ने उसे पटक दिया और मेरे कपड़ों को उलटने पलटने लगीं मेरे फ्राकों को स्वयं से नापने लगीं पर वे काफी छोटे थे तो सब कपड़े बिखरा दिये।

वहीं मैने भैया को देखा तो वो मेरी किताबों पर अपना नाम लिख रहे थे और जगह जगह रंग भर कर मेरी किताबों को गंदा कर रहे थे। मुझे ये देख कर बुरा लगा मै उनसे अपनी किताबें मांगने लगी तो वे मुझे चिढ़ाने लगे और इधर उधर फेंकने लगे मैं रोने लगी पर उन पर कोई असर नहीं हुआ वे अपने में ही मगन रहे।शाम को जब वे गये तो मेरा कमरा कबाड़ हो रहा था हर चीज बिखरी

हुई थी किताबें गंदी और फट गई थी मेरी प्यारी गुड़िया की गर्दन गायब थी उसका एक हाथ भी टूटा हुआ था। मै ये सब देख एक बार फिर रो पड़ी ,तभी मम्मीजी कमरे में आई वहॉ का हाल देख वे ठिठक गईं पर कुछ नही बोलीं । मुझे बाहर ले गई और ताई से मेरा कमरा साफ करने को कहा।

अगले इतवार को न मम्मीजी ने मुझसे पूछा और न ही मुझे उनसे मिलने की कोई उत्सुक्ता थी। अक्सर ही अब जब भी वे आते तो हर बार एसा कुछ हो जाता कि मेरा मन उचाट हो जाता। वे मेरी हर चीज को उलटते पलटते और बड़ी बेदर्दी से उनका इस्तेमाल करते। उनके मन मे शायद ईर्श्या का भाव पनपने लगा था क्योंकि जितना प्यार व मान मुझे इस घर में मिल रहा था उसे शायद वे हासिल नही कर पा रहे थे। जिन लोगों ने उन्हे अपनाया था वे शायद पूरी तरह से उन्हे नही अपना सके थे न ही उनके बच्चे ही उन्हे अपना सके थे। इसलिये यहां पर मुझे पूरी तरह से अपना लिये जाने पर उनका मन कचोटता होगा एक हल्की कसक एक कुंठा उनके हृदय मे मेरे प्रति बढ़ रही थी इसीलिये वे खुलकर सहज होकर मेरे साथ अपना व्यवहार नही रख पा रहे थे। शायद यही कारण रहा होगा कि हम लोगों में सहजता व अपनापन धीरे धीरे कम होता जा रहा था।मै तब बहुत तो नही समझती थी पर उनका असहज व्यवहार मुझे उनसे दूर करता जा रहा था मै अनजाने ही मम्मीजी के परिवार की तरफ खिंचती चली जा रही थी। मुझे अपने भाई बहन से ज्यादा वे अपने लगने लगे थे।

धीरे धीरे मैने स्वयं ही उनसे मिलना कम कर दिया,अक्सर मै मना कर देती कि मुझे आज नही जाना ,कभी पढ़ाई का बहाना करती कभी कोई और बहाना

बनाती। मम्मीजी भी समझ गई थीं शुरू शुरू मे तो वे जोर डालतीं फिर वे भी टालने लगीं।

दीदी व भैया भी अब मुझसे कतराने लगे थे। वे मेरी खुशहाली को झेल नही पा रहे थे इसलिये वे मुझे काटने लगे थे। यदि किसी प्रोग्राम में मिलते भी तो मुझे अनदेखा करते या दूरी बनाने की कोशिश करते। शुरू में मुझे बुरा लगता पर फिर मैने भी उनसे दूरी बना ली। यूंही ऊपर नीचे करते कई साल गुजर गये अब मेरा उनसे मिलना न के बराबर हो गया था,मै यहां पूरी तरह से रम चुकी थी। दीदी व भैया अब मुझसे पूरी तरह बिछड़ गये कहना चाहिये कि उनका अस्तित्व मेरे जीवन से मिट चुका था।

_____"""_____

!सोलह!

समय का पहिया अपनी गति से घूम रहा था। हम सब बड़े हो गये। अजय भाई अपनी आगे की पढ़ाई के लिये अमेरिका चले गये। विजय भाई और मै अभी पढ़ ही रहे थे, दी की शादी की बात चल पड़ी थी।

मेरी जिन्दगी का बिखराव पूर्णतः समाप्त हो चुका था एक खुशनुमा ठहराव मुझे आसमान की ऊंचाइयों में ले उड़ा,मेरे पॉव धरती पर नहीं थे। मेरे जीवन में बहार आ गई थी।बचपन के वे तीन कठिन साल मेरे मानस पटल से मिटने लगे

थे,पर मेरे दिल में कहीं एक उत्तरदायित्व की भावना पनप चुकी थी कि एक पराये घर में पराये अन्न पर मैं पली हूँ सौभाग्यवश उन सबने मुझे प्यार दिया सम्मान दिया मैं इस बात को कभी नहीं भूली मैं उसे समेट कर ,संजोकर रखती आई ताकि मेरी ओर से वह चटक न जाये..........टूट न जाये मुझसे एसा कुछ न हो जाये जिससे उनके दिल को कभी कोई ठेस पहुंचे।इस बात का मैं हमेशा ध्यान रखती।

शायद इसका ही संयोग था कि मेरे अपने जीवन में दो महत्वपूर्ण घटनायें घटीं मै लिखने लगी शुरु में तो मैं किसी को दिखाती नहीं थी पर एक बार अजय भाई की नजर उन पर पड़ गई और उन्होंने बिना बताये ही एक अखबार में भेज दी ,वो छप भी गई बस तब से ही यदाकदा मेरी अन्य रचनायें भी प्रकाशित होती रहीं। चन्द कृतियों में ही मेरी प्रतिश्ठा स्थिर होने लगी थी।

दूसरी महत्वपूर्ण घटना थी मेरी उज्जवल दागहीन शालेय जीवन की समाप्ति भी थोड़े यश से ही हुई थी। स्कूल में पुनः दाखिले के तीसरे साल ही से मेरा दूसरा नंबर कभी नही आया। इस का गर्व मम्मीजी और पापाजी को बहुत था वे हर आने वाले से मेरी तारीफ जरूर करते। मुझे भी लगता जैसे इस तरह मै उनका कर्ज लौटा रही थी मै कुछ भी एसा नही करना चाहती थी जिससे उन्हे दुख पहुंचे। इसलिये मैने अपनी पूरी शक्ति पढ़ाई मे झोंक दी। मै हर वो काम करना चाहती थी जिससे उन्हे खुशी मिले। मै अनाथ लड़की उनके एहसानों को तो कभी चुका नही सकती थी पर फिर भी ये मेरी एक नन्ही सी कोशिश भर थी।

मम्मीजी ने मुझे बहुत प्यार दिया उन्होंने कभी भी परायेपन का एहसास नहीं होने दिया,मैं धीरे धीरे ये भूलने ही लगी कि वे मेरी अपनी मॉ नहीं हैं।वहीं पापाजी

ने भी कभी कोई कसर नहीं छोड़ी,वे मुझे घुमाने ले जाते मुझसे ढेर बातें करते पशु पक्षियों के नाम अंग्रेजी में सिखाते!अंग्रेजी में पहाड़े रटवाते..........मेरे उच्चारण की सफाई और तीव्र ग्रहण शक्ति पर अवाक् रह जाते।उन दोनें के निर्मल निःस्वार्थ प्रेम के फलस्वरुप ही आज मेरा जीवन सार्थक है।

उनके बच्चों का प्रेम भी मेरे सफल जीवन की एक सीढ़ी बना।विजय भाई ने तो मुझे पहले दिन ही अपना लिया था,बाकी दोनों ने भी शीघ्र ही अपना लिया था। कहना चाहिये उन सबने मुझे वाकई अपनाया था और अपने वादे को भी निभाया था।

दी की शादी की जहां भी बात चलती मेरा परिचय सबसे छोटी बेटी का ही दिया जाता,जो मेरे मन को बहुत खुश करता मै अपने को बड़ा गौर्वान्वित महसूस करती। मैं भी खूब बढ़चढ़ कर उन रिश्तों की परतों को उलटती पलटती।

एक जगह बात जम गई। पंकज जीजाजी मिलिट्री में थे, बहुत अच्छे व मिलनसार। बड़े हंसमुख, बात बात पर ठहाके लगाते। खूब चुटकुले सुनाते हर विषय पर बात करते उनके पास बातों का खजाना था।पहले ही दिन वे हम सब को भा गये ।जबकि दी चुप चुप रहने वाली शांत स्वभाव की थीं। इसलिये पापाजी कहने लगे इन दोनो की जोड़ी अच्छी रहेगी। दी की होने वाली सासुमां को भी ये बात बहुत पसंद आई और बात पक्की हो गई। जल्द ही शादी की तारीख भी तय हो गई।

दी की शादी में मेरी भूमिका अहम् रही। मम्मीजी हर काम के लिये मुझे ही पुकारतीं मै भी दौड़ दौड़ कर सब काम करती। मै और विजय भाई एकदम से

बड़े हो गये थे हम लोग दिनभर भागदौड़ में लगे रहते । अजय भाई भी   शादी से आठ दस दिन पहले ही आ गये थे वे काफी गंभीर रहते थे पर मै व विजय भाई तो खूब हलचल मचाये रखते।

दी की शादी में तरह तरह की साड़ियां कपड़े और भेंटे लेने भी मेरी राय बराबर ली जाती रही। मम्मीजी मेरे लिये भी साड़ियां खरीदतीं जिन्हें देख मैं खुशी से भर जाती पर अगले ही क्षण संकोच से भर जाती कहती ,''मम्मीजी, मेरे पास तो काफी हैं।'' अतिरिक्त कपड़ों से ही नहीं,अतिरिक्त चीजों से मुझे डर लगता!शौक की खातिर एसी ऊपरी चीजें जुटाती जाऊँ तो कहीं उसी में जकड़ी न रह जाऊँ। मैं तो हलकी ही रहना चाहती हूँ।

पापाजी ने दिलखोल कर खर्च किया पूरे आठ दिन   शादी के कार्यक्रम चले बहुत लोग आये सबने बहुत इन्जाय किया फिर चाहे मागरमाटी   हो या हल्दी ,मेहंदी या फिर महिला संगीत , किसी भी कार्यक्रम में कोई कमी नहीं थी। अच्छी धूमधाम से शादी हो गई।

कुछ दिनों बाद अजय भाई वापस चले गये और दी भी जीजाजी के साथ शिमला चली गई।

एक बार फिर सबकुछ अपने ढर्रे पर चल पड़ा मैं भी कालेज मे आ गई थी।बंबई के मशहूर सिडनम कालेज में मुझे प्रवेश मिलते ही पढाई के साथ बड़े चाव से मैने वहॉ की लायब्ररी में किताबों को अपनी दोस्त बना लिया जो मेरे अध्ययनकाल में मेरे बहुत काम आईं और लेखन प्रतिभा को भी सहारा मिला।मेरे लेखन को राह मिली।   दी के ससुराल जाने से मम्मीजी का

पूरा ध्यान मुझपर केंद्रित हो गया वे मुझे भी घर के सब काम सिखाने लगीं जैसे उन्होने दी को ट्रेनिंग दी थी। वे मेरी दोस्त बनती चली गईं ।कालेज से आने के बाद मेरा पूरा समय उनके इर्द गिर्द ही कटता।ये समय मेरे जीवन का स्वर्णिम समय था।

————"„"—————

!सत्रह!

एक दिन हमारे घर में बम फटा, अजय भाई का अमेरिका से फोन आया कि वे एक अमेरिकन लड़की से शादी करके वहीं सैटल होना चाहते हैं । मम्मीजी ये खबर सुन कर बेहोश हो गईं। फौरन डॉक्टर को बुलाया गया उनका बी पी अचानक बहुत बढ़ गया था।उन्हें होश तो आ गया पर वे रोने लगीं किसी भी तरह शांत नही हो रहीं थी डॉक्टर ने उन्हें नींद का इंजैक्शन देकर सुलाया। मै रात भर उनके सिरहाने बैठी रही ,मैने उन्हें पहली बार बीमार देखा।मुझे बहुत डर लग रहा था। सभी लोग चिन्ता में थे।

अगले दिन जब वे उठीं तो काफी सम्हली हुई थीं। पर थोड़ी देर बाद वे फिर रोने लगीं।अब पापाजी,जो बिल्कुल शांत थे एकदम नाराज हो गये–

–''अब तुम रोना धोना छोड़ो बच्चे जब बड़े हो जातें है तो अपने मन की करते ही हैं। तुम्हारे रोने धोने से वो अपना फैसला तो बदलने से रहा।''

–''और जब उसने अमेरिका में बसने का फैसला कर ही लिया है तो अमेरिकन बहू हो या हिन्दुस्तानी तुम्हे क्या फर्क पड़ने वाला है तुम्हारे पास तो रहेगी नही फिर क्यों अपना जी हलकान करती हो।'' वे कुछ ठहर कर बोले।

मम्मीजी ने रोना तो बन्द कर दिया पर कुछ बोलीं नहीं। पापाजी भी चुपचाप कमरे में टहलते रहे। दो दिन घर में सन्नाटा पसरा रहा। कोई किसी से कुछ नही बोल रहा था। मैं बहुत सहम गई थी क्योंकि मैने इतने सालों में पहली बार इतना तनावग्रस्त माहोल देखा था।सब अपने अपने खोल में मुंह घुसाये थे।कोई किसी से नहीं बोल रहा था,मुझे घबराहट हो रही थी मैने डरते डरते विजय भाई से पूछा–

–''अब क्या होगा भाई मम्मी जी तो बहुत नाराज हैं अजय भाई ने ये क्या कर दिया।''

–''अरे तुम मत घबराओ पापा सब सम्हाल लेंगे।भाई ने एसा कुछ नहीं किया है मम्मी को बस एक झटका लगा है । थोड़ी देर में सब ठीक हो जायेगा ।''

–''सच भाई मम्मी जी मान जायेंगी।''

–''अरे हॉं मम्मी का दिल बहुत बड़ा है वो भाभी को जरुर अपना लेंगी,तुम चिन्ता मत करो सब ठीक होगा।''

उनकी बातों से मुझे थोड़ी राहत मिली।

तीसरे दिन पापाजी ने भाई को फोन लगाया –

–"अजय तुम शादी कर चुके हो या करना चाहते हो?" पता नही भाई ने क्या जवाब दिया पापाजी चुपचाप सुनते रहे थोड़ी देर बाद बोले–

–"एसा करो तुम बहू को लेकर भारत आ जाओ,हम उससे मिल भी लेंगे और देख भी लेंगे।" भाई ने फिर कुछ कहा ।

–"हॉ हॉ ठीक है अंजु और दामाद जी को भी खबर कर देंगे वे भी आ जायेंगे। तुम अपना प्रोग्राम तय करके बता देना।" भाई ने कुछ और कहा।

–"अच्छा अगले इतवार को ही आ रहे हो ठीक है ठीक है मै अंजु को अभी फोन कर देता हूँ।" कह कर फोन रख दिया।

मम्मीजी की तरफ मुखातिब होकर बोले–

–" अब रोना धोना छोड़ो तुम्हारे शहजादे बहू के साथ अगले इतवार को आ रहे हैं उनके स्वागत की तैयारी करो। बहन को भी बुला लेने का आदेश दिया है।"

–"जानती हो पहले ही से टिकट कर रखा है ।उसे पहले ही से विश्वास था कि तुम मान जाओगी। अरे दीप्ति तुम क्या टुकुर टुकुर ताक रही हो चलो अपनी मॉ के साथ मिलकर भाई भाभी की अगवानी की तैयारी करो।ज्यादा समय नही है, मै तुम्हारी दी को भी खबर कर देता हूँ।"

पापाजी लगातार बोले जा रहे थे, हम सब चुप थे वे फिर बोले–

—'' सुनती हो.....मै चाहता हूँ कि अजय के आने पर तुम रोना मत शुरू कर देना किसी भी तरह की बदमजगी मुझे सहन नही होगी ।''

मम्मी जी एक शब्द नहीं बोलीं, खामोश बैठीं रहीं। मै भी चुप बैठी थी समझ नही पा रही थी कि क्या करूं ? विजय भाई और मै बाहर आ गये मैने कहा—   —'' अब क्या होगा ।''

—'' अरे कुछ नही होगा सब ठीक हो जायेगा। मै कह रहा हूँ, तुम चिन्ता मत करो। मम्मी अभी सदमे मे है कल तक सब ठीक हो जायेगा।''

भाई ठीक ही कह रहे थे अगले दिन मम्मीजी बिल्कुल ठीक थी। मुझे उदास देख बोलीं —

—''अरे दीप्ति तुम को क्या हुआ, बड़ी चुप चुप हो अरे चिन्ता मत करो। मुझे पहले थोड़ा बुरा लगा था फिर मैने ठंडे दिमाग से सोचा शादी ही तो करना चाहता है तो कर ले । उसका जीवन है इसका फैसला करने का हक तो उसे मिलना ही चाहिये।''

कुछ रुक कर बोलीं—''तुम जी छोटा मत करो, तुम्हारे भाई ने तो मौका नही दिया कि उसके लिये बहू मै लाउं। चलो कोई बात नही। अब समय कम है और काम बहुत ज्यादा है। नई बहू के स्वागत की तैयारी भी तो करनी है। चलो चलो बहुत काम है।''

मै भौंचक्की उनका चेहरा देख रही थी ये वही है जो ये खबर सुन कर बीमार पड़ गईं थी और अब उनके चेहरे पर शिकन तक नही थी। वे पूरे उत्साह से भाई की अगवानी में जुट गईं।

मुझे उनका उत्साह मेरे अतीत में ले गया कि कैसे एक पल में मुझ अनाथ को उन्हो ने अपना लिया था जिसे न वे जानतीं थी न उनका कोई रिश्ता था और अपनाया भी इस तरह कि मै अपना अतीत ही भुला बैठी। जिसका दिल इतना बड़ा हो उसकी झोली में तो हर कोई समा सकता है।

–" ओहो किस सोच में डूबी हो चलो चलो बहुत काम पड़ा है। मै सोचती हूँ एक छोटी सी पार्टी भी रख लेते हैं अपने खास लोगों को बुला लेते हैं।"

उनका उत्साह देख मुझे भी जोश आ गया और हम स्वागत की तैयारी में जुट गये। सप्ताह कैसे निकल गया पता ही नही चला और भाई के आने का दिन भी आ गया।

पापाजी विजय भाई व जीजाजी हवाई अड्डे जा रहे थे मै भी अड़ गई कि मै भी जाउंगी, थोड़ी नानुकुर और मम्मीजी के जोर देने पर मै भी उनके साथ चली गई। मम्मीजी व दी घर पर ही उनके स्वागत के लिये रूक गईं।

भाई को हमने दूर से ही पहचान लिया पर ये क्या उनके साथ जो लड़की थी वो तो साड़ी में थी।हमे लगा भाई ने अमेरिका में बसी किसी भारतीय लड़की ही से शादी की है और हमें सरप्राइज देना चाहते हैं। पर जब वे पास आये तो हम आश्चर्यचकित रह गये! वे साड़ी मे लिपटी विदेशी लड़की ही थीं।

भाई ने हम लोगों का परिचय करवाया ,भाभी ने फौरन झुककर पापा के पैर छुए विजय भाई व जीजाजी से हाथ मिलाया और मेरे तो गले ही लग गईं। हम सब भौंचक्के उन दोनो का मुँह देख रहे थे कि भाई बोले

–''क्या हुआ मुझसे कोई मिलेगा भी या नही।''

हम लोग जैसे होश मे आ गये पापाजी ने उन्हे गले लगा लिया। हम लोग बाहर आ गये। गाड़ी में बैठ कर घर की तरफ चल दिये सभी चुप थे केवल भाई ही बात करते रहे।वे बार बार मम्मी जी के रिएक्शन के बारे मे पूछ रहे थे पापा जी हंस कर बोले –

–''बेटा अब क्यों डर रहे हो जब ओखली में सर दे ही दिया है तो मूसल का क्या डर। वैसे तुमने बहू को अच्छी ट्रेनिंग दी है हम तो कायल हो गये अब देखे तुम्हारी मम्मी पर कितना असर होता है।''

भाभी चुप बैठीं थी। मै सोच रही थी पता नही इन्हे हिन्दी आती भी है कि नही! या सिर्फ भारतीय पहनावा भर पहना है।

हम घर पहुंचे मम्मीजी को देखते ही दोनों ने उनके पैर छुए मम्मी जी ने उन्हे बाहों मे भर लिया उनकी आंखों से आंसू गिरने लगे आंसू देख भाई बोले–

–''मां रोती क्यों हो बहू पसंद नही आई।''

–'' पसंद क्यों नही आयेगी आखिर मेरे बेटे की पसंद है।'' मम्मी जी जरा झेंपती हुई बोलीं। हम सभी हंसने लगे और फिजा में ठंडक घुल गई।

–'' मै को डर लगी टुम, नो आप बहोत अच्छा है यू आर सो लवली एण्ड ब्यूटिफुल। अजय यू आर लकी योर मदर इज़ सो ब्यूटिफुल।''अचानक भाभी बोल पड़ीं।

उनके मुॅह से टूटी फूटी हिन्दी सुन हम एक बार फिर से अवाक् रह गये। उनका इस तरह से हिन्दी बोलना और पैर छूना मम्मी जी के दिल को खुश करने

के लिये काफी था। बस फिर क्या था मम्मी जी की रजामंदी देखते ही सब कुछ सहज सरल हो गया। भाभी अपनी अधकचरी हिन्दी से हम लोगों का खूब दिल बहला रही थीं।

भाई ने उन्हें घर के बारे में सब समझा रखा था। वे लोग 15 दिन भारत मे रहे। भाभी हम सब के बीच इतनी घुलमिल गईं कि हमे लगा ही नही कि वे इस घर के लिये नई भी है और विदेशी भी। वे हिन्दुस्तानी खाना भी बनाना जानती थीं ! सच मे वे एक परफैक्ट बहू थीं। भाई ने उनको पूरी तरह से अपने घर के माहोल के हिसाब से ढाला हुआ था और उन्होने भी स्वयं को पूरी शिद्धत से अजय भाई के साथ सारे परिवार को अपना लिया था। उनके इस व्यवहार ने मम्मीजी के सभी गिलेशिकवे दूर कर दिये थे। उनके सहज सरल व्यवहार के हम सब भी कायल हो चुके थे। भले ही भाई ने अपने मन की शादी की पर अपने घर की मर्यादा का पूरा ख्याल रखा लड़की भी एसी चुनी जो हमारे घर के लिये बिल्कुल फिट थी। भाई ने जरुर उन्हें अपने घर के तौर तरीके सिखायें होंगे पर इसमें उनकी भी तो तारीफ थी जो उनने उसे अपनाने में कोई गुरेज नहीं किया।

15 दिन बाद वे चले गये पर अनोखी खुशबू से सारे घर को गुलज़ार कर गये। उनके जाने के बाद एक दिन मैं बैठ कर सोच रही थी कि भगवान अच्छे लोगों का ध्यान तो रखता है। तभी तो इतनी अच्छी बहू का घर मे पदार्पण हुआ था। इस तरह हमारे परिवार में एक और सदस्य जुड़ गया।

————"."————

!अठारह!

भाई भाभी के जाने के बाद सब अपने रुटीन पर आ गया, सब अपने कामों में लग गये। विजय भाई की पढ़ाई पूरी हो चुकी थी वे पापाजी के साथ काम करने लगे थे। उन्होने पापाजी का बहुत सारा काम सम्हाल लिया था और उसमे लगातार तरक्की भी कर रहे थे। पापाजी अब ज्यादा समय घर पर ही रहने लगे थे।

अब विजय भाई की शादी की चर्चा भी चल पड़ी थी, एक दिन मम्मीजी ने मुझसे पूछा–

–"दीप्ति कहीं तुम्हारे छोटे भाई ने भी तो कोई लड़की पसंद नहीं कर रखी है,अगर कुछ पता हो तो बता दो?"

–"नहीं मम्मीजी मुझे तो इस बारे में कुछ पता नहीं है।"

–"अरे पता नहीं है तो पता लगाओ, अब उसकी शादी होये तो तुम्हारे लिये भी लड़का देखें और अपनी जिम्मेदारी से मुक्त हों।"

–"ओह मम्मी जी मैं आपका पीछा नहीं छोड़ने वाली हूँ ,भाई से जरुर आज पूछूंगी।"

मेरी बात सुनकर वे हंसनें लगीं मुझे उनपर बहुत प्यार आया और मैं उनके गले में बाहें डालकर झूल गई। हम दोनो ही हंसने लगीं।

इतने में भाई अंदर आये हमें यूं हंसते देख बोले–

–"वाह वाह बड़ा लाड़ हो रहा है कुछ मैं भी तो सुनू,क्या चल रहा है।"

–"भाई तुम तो अच्छे समय आये,अभी अभी तुम्हारी ही बात हो रही थी।"

–"अरे वाह मेरी बात हो रही थी क्या बात है?"

–"मम्मी जी जानना चाहती हैं कि तुमने भी तो कोई सोनिया भाभी नहीं देख रखी है, या ये सौभाग्य हम मॉ बेटी का है।"

–"अरे मैने तो हाथ जोड़े ये शुभ काम तो आप के करकमलों द्वारा ही होना है।"

–"क्यों भाई कोई लड़की आपको लाइन नहीं मारती।"

–"मैं ही किसी को लिफ्ट नहीं देता। मैं तो चाहता हूँ कि मम्मी ही लायें अपनी पसंद की ,जिससे कोई गड़बड़ हो तो वही झेलें।"

–"क्यों होगी गड़बड़, अब सोनिया को ही देख लो कितनी प्यारी लड़की है।"मम्मीजी बोलीं।

–''ना बाबा ना सबकी किस्मत भाई जैसी नहीं होती ,मम्मी जी लड़की तो आप को ही ढूढनी पड़ेगी।''

भाई के ये कहने के बाद तो मम्मी जी पूरे जोर शोर से उनके लिये लड़की तलाशने लगीं जल्दी ही उनकी मनपसंद लड़की मिल गई। भाई ने ऑख मूंद कर सगाई कर ली।

शादी की तारीख भी पक्की हो गई एक बार फिर से घर में गहमा गहमी हो गई पर इस बार घर में दो नये सदस्यों के साथ एक छोटू भी आ गया था अंजु दी का बेटा चिंटू। भाभी और जीजाजी के आने से घर की रौनक में चार चांद लग गये थे । सभी लोग
15 दिन पहले ही बंबई आ गये थे । भाभी ने आते ही पूरा काम सम्हाल लिया, शादी मे भी खूब बढ़चढ़ कर हिस्सा लिया, घर की बड़ी बहू का फर्ज बखूबी निभाया।

वहीं जीजाजी ने भी घर के बड़े बेटे के जैसे ही शादी के कामों में हाथ बंटाया। खूब धूमधाम से शादी हो गई।

हमारे घर में नई बहू का पदार्पण हुआ और वे सोने पे सुहागा साबित हुईं। वे भी बहुत अच्छी व मिलनसार थी। जल्दी ही वे भी घर मे घुलमिल गई, मुझे भी वे बहुत सम्मान देतीं। हम दोनो मे अच्छी दोस्ती हो गई थी। अंजु दी जब भी आतीं उनका भी बहुत आदर सम्मान करतीं। दी का बेटा चिंटू तो मौसी से ज्यादा मामी का फैन हो गया था।

यूंही हंसते खिलखिलाते हमारे दिन गुजर रहे थे। पूरा का पूरा स्वर्ग हमारे घर में उतर आया था। इतनी अच्छी बहुएं और हीरा सा दामाद पाकर पापाजी मम्मीजी फूले नही समाते थे अपने भाग्य पर रश्क करते। पर मै जानती हूँ ये उनका भाग्य नही था ये तो उनके पुण्य का फल था जो इस तरह उन्हे मिल रहा था उस पुण्यफल को तो कोई मिटा ही नही सकता था। उनका मुझ अनाथ अनजान लड़की को अपनाना और सगी बेटी की तरह परवरिश करने से बड़ा तो कोई पुण्य हो ही नही सकता। उनके निःस्वार्थ प्रेम का फल तो उन्हे मिलना ही था। सिर्फ मम्मीजी पापाजी ही ने नही उनके बच्चों ने भी मुझे पूरी शिद्धत से अपनाया था।

मुझे याद आता है जब मैं दीदी व दीपक भैया के साथ उनसे पहली बार मिली थी तब उन्होंने हमें फरिश्ते कहा था पर मैं सोचती हूँ असल में तो फरिश्ते वे साबित हुए जिन्होने हमारे जीवन का रुख ही बदल दिया।

मेरे बचपन की त्रासदी मेरे जहन से मिट गई है मै अपना अतीत भुला चुकी हूँ। दुनिया की इस भीड़ में मेरे दीपक भैया और दिव्या दीदी न जाने कहॉ खो गये। मै नही जानती अब वे कहॉ हैं मै तो जोशी परिवार की बेटी और शुक्ला परिवार की बहू बनकर अमेरिका मे अपने पति और बच्चों के साथ खुशहाल जिन्दगी जी रही हूँ। सच में उन सब के पुण्य प्रताप से ही मेरा भी जीवन संवर गया। समय रहते अजय भाई ने ही संदीप को मेरे लिये ढूंढा। अमेरिका मे अपनी ही कंपनी मे काम करने वाला होनहार युवक उन्होने मेरे लिये पसंद किया, जिसके परिवार की दो पीढ़ियॉ अमेरिका में बसी हुई थी वे एक हिन्दुस्तानी लड़की

चाहते थे और भाई के प्रयत्नों से मेरी शादी संदीप से हो गई। संदीप के रुप में एक और देवदूत मेरे जीवन में आ गया।

आज मम्मीजी पापाजी इस दुनिया मे नहीं है पर मेरा लाड़ प्यार मेरा हक आज भी अपने भाई भाभियों और दीदी जीजाजी पर बराबर बना है। वे मुझे छोटी बहन का सा ही सम्मान देते है और मै भी उनके मान सम्मान का पूरा ध्यान रखती हूँ। फिर भी कभी कभी अतीत के पन्ने फड़फड़ाने लगते है जो मेरे सुख चैन पर पहरा सा बिठा देते हैं और मै बेचैन हो जाती हूँ मेरी जिन्दगी के चन्द साल मुझे उधेड़ते रहते हैं, इसलिये उन्हें आज मै लिपिबद्ध कर उनसे अपना पीछा छुड़ाना चाहती हूँ क्योकि ये पन्ने अक्सर मुझे झंझोड़ देते हैं और एक अनकहा दर्द टीसने लगता है। अपनी कथा कह लेने से मेरे अंदर जो एक टीस एक कसक बाकी है जो दर्द है वो शायद अब मिट जायेगा और कुछ भी एसा नही रह पायेगा जो मेरे आज को मुझे जीने से रोक पायेगा, मेरे अंदर के बिखराव को समेट लेगा।

——————''इति''——————

मधुलिका की चन्द कहानियाँ:–

1. माँ की वापसी
2. पश्चाताप
3. मैं एक बुरा बेटा हूँ
4. बादलों के घेरे
5. फर्ज
6. भविष्य या वर्तमान
7. दूसरा जन्म
8. पराया खून
9. बारह 12 Twelve
10. इन्तजार

Printed in the United States
By Bookmasters